# Autoincriminação e Obrigação Tributária

## APLICAÇÕES NO DIREITO TRIBUTÁRIO DO DIREITO A NÃO SE AUTOINCRIMINAR

K92a  Krebs, Pedro
    Autoincriminação e obrigação tributária: aplicações no direito tributário do direito a não se autoincriminar / Pedro Krebs. – Porto Alegre  Livraria do Advogado Editora, 2010.
    93 p.; 21 cm.
    ISBN 978-85-7348-686-5

    1. Autoincriminação : Direito tributário. 2. Direito tributário. 3. Direito administrativo. I. Título.

                    CDU  –  336.2

       Índices para catálogo sistemático:

    Direito tributário                           336.2
    Autoincriminação : Direito tributário        336.2
    Direito administrativo                       35


    (Bibliotecária responsável: Marta Roberto, CRB-10/652)

Pedro Krebs

# Autoincriminação e Obrigação Tributária

## APLICAÇÕES NO DIREITO TRIBUTÁRIO DO DIREITO A NÃO SE AUTOINCRIMINAR

Porto Alegre, 2010

© Pedro Krebs, 2010

*Capa, projeto gráfico e diagramação*
Livraria do Advogado Editora

*Revisão*
Rosane Marques Borba

*Direitos desta edição reservados por*
**Livraria do Advogado Editora Ltda.**
Rua Riachuelo, 1338
90010-273 Porto Alegre RS
Fone/fax: 0800-51-7522
editora@livrariadoadvogado.com.br
www.doadvogado.com.br

Impresso no Brasil / Printed in Brazil

*À Carol.*

# Lista de abreviaturas

| | |
|---|---|
| ANEEL | Agência Nacional de Energia Elétrica |
| Art. (ou art.) | artigo |
| CE | Constituição Espanhola |
| CF | Constituição Federal |
| COFIS | Coordenador-Geral da Fiscalização |
| CTB | Código de Trânsito Brasileiro |
| CTN | Código Tributário Nacional |
| CP | Código Penal |
| ECA | Estatuto da Criança e do Adolescente |
| Inc. (ou inc.) | inciso |
| IN SRF | Instrução Normativa da Secretaria da Receita Federal |
| LCA | Lei dos Crimes Ambientais |
| LEF | Lei de Execução Fiscal |
| STF | Supremo Tribunal Federal |
| STJ | Superior Tribunal de Justiça |
| TC: | Tribunal Constitucional espanhol |
| TEDH | Tribunal Europeu de Direitos Humanos |
| TRF | Tribunal Regional Federal |
| TS | Tribunal Supremo espanhol |

# Prefácio

Tenho a grata honra e oportunidade de apresentar e recomendar ao mundo jurídico brasileiro, especialmente aos juristas que se dedicam ao estudo acerca dos princípios constitucionais, o trabalho intitulado *Autoincriminação e Obrigação Tributária: aplicação no Direito Tributário do direito a não se autoincriminar*, do Professor Pedro Krebs, fruto de uma extensa pesquisa acadêmica, desenvolvida no mestrado em Direito na Universidade do Vale do Rio dos Sinos – UNISINOS.

Trata-se de um estudo de vanguarda na doutrina nacional, no qual o autor enfrenta a questão central de uma forma direta e corajosa. Pode-se dizer que o estudo é inovador, porque ele ultrapassa as barreiras das construções da doutrina pátria e busca trazer para o ambiente jurídico brasileiro discussões que há muito são enfrentadas, em especial, pelos europeus. Por outro lado, o rótulo de corajoso deve-se ao fato de que o autor não se furta de expor direta e abertamente suas convicções, devidamente fundamentadas e sustentadas.

O aspecto nuclear da temática abordada diz respeito aos direitos fundamentais dos cidadãos, em especial, o da vedação à autoincriminação. O autor defende ser este uma garantia inviolável frente à ingerência estatal, sustentando sua aplicabilidade inclusive na denominada fase procedimental, a qual antecede o processo administrativo propriamente dito. Neste ponto, diverge da doutrina e jurisprudência brasileira, uma vez que o entendimento ora dominante afasta a observância dos princípios do contraditório e da ampla defesa, entre outros, na etapa inquisitorial da qual resultará o processo administrativo.

O enfrentamento da temática a partir do direito penal e tributário mostra-se plenamente adequado. Isso ocorre porque esses ditos ramos do direito têm uma principiologia comum, uma vez que – diferentemente do que se poderia supor – as normas jurídicas concernentes a eles servem, em primeiro plano, para a proteção do cidadão ante a ação do Estado. São os denominados direitos fundamentais de primeira geração ou dimensão que fornecem os elementos, a partir dos quais se construiu as bases de princípios como o da segurança jurídica, do devido processo legal, da vedação a autoincriminação, para falar apenas naqueles mais caros a este trabalho.

Um dos inegáveis méritos deste estudo reside no caminho percorrido pelo autor. A partir de complexas e bem estruturadas concepções teóricas, ele busca fundamentos para enfrentar questões bem pragmáticas, contidas, por exemplo, no Regulamento do ICMS do Estado do Rio Grande do Sul. Discute, pragmaticamente, também, a aplicabilidade de dispositivos do Código Tributário Nacional, entre os quais aqueles que se referem ao cumprimento de obrigações tributárias acessórias, pois o adequado cumprimento destas pode implicar, não raras vezes, na própria incriminação do contribuinte que prestou tais informações.

Com extensa atuação no magistério – no campo do direito penal, administrativo e tributário – o autor comprova aqui o que sustentava o saudoso Professor Ovídio Baptista, segundo o qual, quando se está em uma sala de aula, quem mais aprende é o próprio professor. Ou seja, são perceptíveis em seu trabalho os anos de aprendizado à frente de suas incontáveis turmas de graduação e especialização. Advogado militante, com sólida experiência nas áreas do direito mencionadas, Pedro Krebs alia isso aos seus anos de atuação na Procuradoria do Estado do Rio Grande do Sul, instituição na qual esteve envolvido direta e pragmaticamente com estas questões.

Trata-se, enfim, de um instigante e provocante debate sobre questões teóricas e dogmáticas vinculadas ao processo administrativo e processo penal, tendo como cerne a aplicabilidade dos princípios constitucionais que protegem o cidadão da ação do Estado.

Em visto disso tudo, é de se esperar que o meio jurídico acolha este trabalho com o devido interesse e que ele venha a estimular discussões acadêmicas e forenses, contribuindo assim para a consolidação do Estado Democrático de Direito, constituído neste país em 1988.

Porto Alegre – RS, janeiro de 2010.

*Marciano Buffon*
Doutor em Direito.
Professor de Direito Tributário
da UNISINOS. Advogado.

# Sumário

Exposição do problema .................................... 15
1. **A atividade sancionadora estatal: o problema da indefinição da natureza jurídica da sanção** ............................. 19
2. **O surgimento do Direito Administrativo Sancionador** ......... 27
   2.1. A denominação Direito Administrativo Sancionador ........ 29
   2.2. A definição do Direito Administrativo Sancionador ......... 29
   2.3. A origem do Direito Administrativo Sancionador. A separação dos Poderes como marco inicial e sua evolução ............. 33
   2.4. O reconhecimento do Direito Administrativo Sancionador no Direito Positivo brasileiro ................................. 42
3. **Dos princípios que orientam o Direito Administrativo Sancionador** ................................................. 45
   3.1. Da unificação principiológica das atividades estatais sancionadoras ........................................... 46
   3.2. Princípio da legalidade ................................. 50
   3.3. Princípio da tipicidade ................................. 64
   3.4. Princípio da culpabilidade .............................. 68
   3.5. Princípio do *ne bis in idem* ........................... 72
   3.6. Princípio da vedação à autoincriminação .................. 73
4. **A obrigação tributária acessória e o princípio da não autoincriminação no direito comparado** ................. 77
   4.1. A relativização do direito à não autoincriminação na esfera penal. A jurisprudência do TEDH ............................. 81
   4.2. A relativização do direito à não autoincriminação na esfera tributária ........................................ 85

Considerações finais ....................................... 89

Referências bibliográficas .................................. 91

## Exposição do problema

Versa o presente trabalho sobre problema que assola todo cidadão que se relaciona com o Fisco: a adoção – ou não – das garantias constitucionais pela Administração Pública no processo tributário.

Isso se deve ao fato de não raras vezes o Fisco informar que, enquanto tramita procedimento investigatório, a apuração de irregularidades não está sujeita às garantias constitucionalmente reconhecidas ao cidadão, como é o caso da ampla defesa, do contraditório, devido processo legal e presunção de inocência.[1]

---

[1] É o que refere, por exemplo, de forma categórica, recente Acórdão originário da 1ª Câmara do Conselho de Contribuintes: "NULIDADE DO PROCEDIMENTO FISCAL – VIOLAÇÃO AO CONTRADITÓRIO E AMPLA DEFESA – Ao dever de investigar do Fisco correspondem amplos poderes investigatórios, inclusive mediante utilização de informações obtidas junto a terceiros, que têm o dever de colaborar. O princípio do contraditório e ampla defesa preside a fase processual a partir da instauração do litígio com a impugnação. A fase de fiscalização, é presidida pelo princípio inquisitorial" (Acórdão nº 101-96975, j. em 16.10.08). No caso, além do reconhecimento explícito da negativa de concessão das garantias constitucionais não só ao contribuinte como também para os "terceiros" (quem seriam esses?!), denota-se um lamentável equívoco utilizado na justificativa de tal arbitrariedade; de fato, a adoção de um sistema inquisitorial não tem o condão de legitimar o despotismo: sistema inquisitorial traduz o fato de identificação, na mesma pessoa, da acusação e do julgamento; no sistema acusatório, a pessoa que acusa não se identifica com aquela que julga, acarretando, assim, numa clara divisão de funções.

Não bastasse a esfera administrativa afastar de pronto tais garantias, a própria legislação não auxilia a análise, eis que comumente se revela exigindo do cidadão – contribuinte ou não – condutas dotadas de pormenores formalistas que visam tão somente ao bom andamento da máquina pública, desvirtuando-se, assim, da finalidade do ato, que é o interesse público, bem como impondo sanções na hipótese de não atendimento a tais determinações. É o caso, por exemplo, da obrigação tributária acessória, descrita no art. 113, § 2º, do CTN, que determina ser dever de todos auxiliar o Fisco em sua função arrecadatória, tarefa essa, saliente-se, nem um pouco facilitada pela Administração, eis que promovida, de forma burocrática, através de decretos e atos administrativos menores.[2]

O que chama a atenção, fato esse que dá origem à presente pesquisa, é que a prestação de informações para a Fazenda, a bem da verdade, só gera malefícios para o contribuinte: se esse pratica atos de sonegação fiscal, por exemplo, por óbvio que a obrigação de entregar sua escrita contábil estará comprovando materialmente a redução indevida de impostos a pagar; porém, se o contribuinte se nega a entregar os dados, o mesmo ver-se-á obrigado a pagar multa por tal omissão.

O presente trabalho, a par de todos esses problemas, trata de analisar se os princípios arrolados na CF, especialmente o da vedação à autoincriminação, que servem de garantia ao cidadão contra a ingerência do Estado, têm aplicabilidade também no âmbito tributário, enquanto fase

---

[2] É o caso, por exemplo, da IN SRF 86/01, que, em seu art. 3º, delega ao Coordenador-Geral de Fiscalização, o poder de, mediante simplório Ato Declaratório Executivo (ADE), estabelecer a forma de apresentação dos arquivos digitais e sistemas da contabilidade das empresas; por sua vez, tal autoridade, através do Ato Declaratório COFIS 15/01, elaborou, em seu Anexo Único, o sistema mais enredado, embaraçado, difícil e entrelaçado que se poderia imaginar. No caso, em não apresentando os dados conforme tal ato declaratório, o contribuinte tem de pagar a fantástica multa de meio por cento do valor da receita bruta da pessoa jurídica no período, nos termos do art. 12, I, da Lei 8.218/91.

administrativa de investigação, e, se estiverem presentes, conhecer da existência de supostas limitações a eles.

Para tanto, a pesquisa tem como ponto de partida os estudos provenientes da monografia apresentada quando da obtenção do título de mestre, na Universidade do Vale do Rio dos Sinos (UNISINOS), em 2002, com a dissertação intitulada *Distinção entre a sanção penal e a sanção administrativa: uma análise da capacidade sancionatória do Estado*, onde se verificou a atuação sancionadora estatal e suas duas formas – a penal e a administrativa –, as características de cada uma delas, bem como se os princípios aplicáveis a ambas são ou não os mesmos.

No primeiro capítulo do presente trabalho, será analisado o problema da indefinição da natureza jurídica da sanção, ou seja, da dificuldade em se saber se determinada atividade é penal ou administrativa.

Em um segundo momento, analisar-se-á o surgimento do Direito Administrativo Sancionador, importante passo para informar se os princípios a ele aplicáveis são os mesmos do Direito Penal.

No terceiro capítulo, por sua vez, serão estudados os princípios aplicáveis ao Direito Administrativo Sancionador, especialmente o da vedação à autoincriminação.

No quarto capítulo, será conhecida a posição da doutrina e da jurisprudência europeias a respeito da aplicação ou não do princípio constitucionalmente reconhecido da vedação à autoincriminação, bem como se tal garantia se aplica no campo tributário, mais especificamente nas questões vinculadas à obrigação tributária acessória.

Por fim, verificar-se-á que tanto a doutrina como a jurisprudência estrangeiras têm identificado determinados limites à apregoada não autoincriminação, bem como se faz necessária, de qualquer modo, a distinção dos procedimentos investigatório e acusatório proporcionados pela Administração Pública, a fim de aplicação fiel dos princípios garantistas previstos na Constituição Federal.

## 1. A atividade sancionadora estatal: o problema da indefinição da natureza jurídica da sanção

Visto no item anterior o aspecto problemático do não atendimento pela Administração, quando atua em caráter investigatório, das garantias concedidas pela CF ao cidadão, analisar-se-á, nesse tópico, a atividade sancionadora estatal, em suas duas modalidades, e se os princípios aplicáveis ao sistema penal também são aplicáveis à atuação administrativa do Estado.

O sistema jurídico brasileiro confere ao Estado, além da possibilidade dele desempenhar suas funções básicas tradicionais – atribuições de legislar, administrar e julgar –, o poder de impor penalidades aos cidadãos – seja pessoa física ou jurídica, servidor público ou particular – objetivando fazer valer sua vontade de forma soberana,[3] sendo que tal atividade estatal sancionadora decorre de dois ramos do Direito, que são o Direito Penal e o Direito Administrativo.[4] Entretanto, e esse é o objeto do presente estudo,

---

[3] "Partindo do ponto de vista do direito, a relação entre o Estado e o súdito tem por base a *desigualdade*. Da parte do Estado, existe o *poder público*. O poder é a faculdade jurídica de impor sua vontade a outro." (MAYER, Otto. *Derecho administrativo alemán – parte general*. Tomo I. 2.ed. inalterada. Trad. da edição francesa de Horacio H. Heredia e Ernesto Krotoschin. Buenos Aires: Depalma, 1982, p. 89).

[4] NAVARRO CARDOSO, Fernando. *Infracción administrativa y delito: límites a la intervención del Derecho penal*. Madri: Colex, 2001, p. 23

as relações entre o Direito Penal e o Direito Administrativo Sancionador[5] são efetivamente conflitivas no sentido de não se conhecer de antemão a natureza jurídica de algumas sanções.[6]

Essa controvérsia, qual seja, a de não se concluir objetivamente a respeito da natureza jurídica de determinados castigos, é vista como um problema crucial, embora de difícil solução na atualidade.[7]

Na literatura jurídica brasileira, infelizmente, nunca houve uma dedicação na busca de uma solução para o embate,[8] e, por conseguinte, também não foi encontrada uma

---

[5] De acordo com James Goldschimdt, que é referido como pioneiro no estudo dos ilícitos administrativos, o conjunto de disposições que tratam das sanções administrativas é denominado de "Direito Penal Administrativo" (PINILLA PINILLA, Nilson. Fundamentos de Derecho Administrativo Sancionatorio. *Derecho Penal Y Criminologia*. n° 39. Bogotá: Instituto de Ciencias Penales y Criminologicas, Universidad Externado de Colômbia, Set./Dez. 1989, p. 82). O desenvolvimento, porém, do Direito Administrativo acabou por rechaçar esse seu enfoque criminal, conferindo-lhe, assim, uma aspiração autônoma, com critérios próprios, postura essa que acabou por dar origem à expressão *Direito Administrativo Sancionador*: "(...) sob a influência da teoria de James Goldschimdt, esteve em auge a expressão *Direito Penal Administrativo* utilizada ainda em certas cortes e por muitos autores penalistas. Na atualidade, vem se impondo o termo *Direito Administrativo Sancionador* nas altas esferas da jurisdição e em geral nos juspublicistas do direito público moderno." (OSSA ARBELÁEZ, Jaime. *Derecho administrativo sancionador – hacia una teoría general y una aproximación para su autonomía*. Bogotá: Legis, 2000, p. 177).

[6] MUÑOZ LORENTE, José. *La nueva configuración del principio non bis in idem – las sanciones administrativas como límite a la intervención de la jurisdicción penal – especial referencia al ámbito medioambiental*. Madri: Ecoiuris, 2001, p. 11; no mesmo sentido: "(...) não resulta fácil delimitar no tocante a sanções e infrações o que é penal e o que é administrativo" (NIETO GARCÍA, Alejandro. *Derecho administrativo sancionador*. 2.ed. ampliada. Madri: Tecnos, 2000, p. 51).

[7] "(...) a questão da diversidade ontológica de ambas infrações e/ou sanções, como assinalado por alguns autores, é o mais infrutífero dos debates na ciência do Direito Público" (MUÑOZ LORENTE, José, *op. cit.*, p. 11).

[8] OSÓRIO, Fábio Medina. *Direito administrativo sancionador*. São Paulo: RT, 2000, p. 20-21.

solução clara e objetiva para o problema. Tal controvérsia acaba gerando inúmeras dúvidas, sem uma resposta necessariamente clara, como, por exemplo, pertinente aos seguintes questionamentos práticos:

a) a sanção aplicável às empresas que contribuírem, de forma ilícita, para campanhas eleitorais,[9] é penal ou administrativa? O fato de essa sanção ser aplicada pelo juiz eleitoral caracteriza a mesma como penal? Pode o Judiciário aplicar sanções administrativas? É sabido que a pessoa jurídica não pode ser responsabilizada criminalmente salvo quando da prática de crimes ambientais, nos termos dos arts. 225, § 3º, da CF,[10] e 3º da Lei nº 9.605 (LCA), de 12.02.98.[11] No caso, considerando que a infração eleitoral antes referida imputa a sanção a um ente coletivo, embora não se trate de delito ambiental, é de se perguntar a que título o magistrado lhe aplicará a sanção pecuniária lá prevista. Para solucionar esse problema, bastaria afirmar que a referida multa é administrativa, e não penal. Mas, e esse é o ponto crucial que aqui se debate, a simples alteração do "rótulo", do "sobrenome" da sanção, é suficiente para legitimá-la?

---

[9] É o que determina o art. 68 da Lei nº 9.100, de 29.9.95: "À pessoa jurídica que contribuir de forma ilícita com recursos para campanha eleitoral, será aplicada multa de 10.000 a 20.000 UFIR ou de valor igual ao doado, se superior ao máximo previsto".

[10] "As condutas e atividades consideradas lesivas ao meio ambiente sujeitarão os infratores, pessoas físicas ou jurídicas, a sanções penais e administrativas, independentemente da obrigação de reparar os danos causados."

[11] "Art. 3º As pessoas jurídicas serão responsabilizadas administrativa, civil e penalmente conforme o disposto nesta Lei, nos casos em que a infração seja cometida por decisão de seu representante legal ou contratual, ou de seu órgão colegiado, no interesse ou benefício da sua entidade."

b) outra hipótese reside nos arts. 228 da CF,[12] e 27 do CP,[13] onde há referência de que os menores de 18 anos são penalmente inimputáveis, isto é, *não são merecedores de pena*, embora os mesmos devam se submeter às sanções (que também são conhecidas como "medidas socioeducativas") descritas no ECA (Lei nº 8.069, de 13.7.90, art. 112).[14] Essas sanções são *penais* ou *administrativas*? Da mesma forma que a observação anterior, é de se perguntar se o juiz, lotado em uma Vara da Infância e da Juventude, ao aplicar a sanção, estará agindo como tal ou como administrador? A "medida socioeducativa" de internação, que, nos termos do art. 121 da Lei nº 8.069/90,[15] se caracteriza como uma medida privativa de liberdade, diferencia-se em que aspectos da *pena* privativa de liberdade prevista no art. 33 do CP?[16] Qual a diferença básica na atitude do magistrado quando este determina seja o menor recolhido à FASE e o adulto ao presídio?

c) por fim, pode-se referir que a multa, como sanção, pode ser aplicada tanto nas hipóteses de prática de um ilícito penal como administrativo. Qual, entretanto, a efeti-

---

[12] "Art. 228. São penalmente inimputáveis os menores de dezoito anos, sujeitos às normas da legislação especial."
[13] "Art. 27. Os menores de 18 (dezoito) anos são penalmente inimputáveis, ficando sujeitos às normas estabelecidas na legislação especial."
[14] "Art. 112. Verificada a prática de ato infracional, a autoridade competente poderá aplicar ao adolescente as seguintes medidas: I – advertência; II – obrigação de reparar o dano; III – prestação de serviços à comunidade; IV – liberdade assistida; V – inserção em regime de semiliberdade; VI – internação em estabelecimento educacional; VII – qualquer uma das previstas no art. 101, I a VI."
[15] "Art. 121. A internação constitui medida privativa da liberdade, sujeita aos princípios de brevidade, excepcionalidade e respeito à condição peculiar de pessoa em desenvolvimento."
[16] "Art. 33. A pena de reclusão deve ser cumprida em regime fechado, semiaberto ou aberto. A de detenção, em regime semiaberto, ou aberto, salvo necessidade de transferência a regime fechado."

va distinção entre ambas? A principal diferença, segundo Ossa Arbeláez, repousa na consequência do seu inadimplemento:[17] se a multa não paga for *penal*, será convertida em pena privativa de liberdade pelo prazo fixado no número de dias-multa (art. 49 do CP);[18] entretanto, se a sanção pecuniária for administrativa, o seu inadimplemento acarretará na sua inscrição em dívida ativa a ser executada pelo credor, nos termos do art. 1º da Lei nº 6.830, de 22.9.80 (LEF).[19] Tal era o entendimento esboçado pelo legislador brasileiro até que, com o advento da Lei nº 9.268, de 1º.4.96, o art. 51 e seus respectivos parágrafos, do CP, foram alterados, acarretando, atualmente, na necessidade da execução da pena de multa não paga como dívida ativa.[20] Em suma, as duas sanções são idênticas no tocante ao tratamento.

O problema, pois, que aqui reside é o desconhecimento prévio, por parte do intérprete, da natureza jurídica da sanção prevista em lei, bem como quais os princípios a ela aplicáveis.

Preliminarmente, deve-se ter em mente que o legislador tutela os bens jurídicos frente à ameaça ou à efetiva concretização de danos de duas formas: a) imputando ao causador do dano a obrigação de indenizar os prejuízos causados por sua conduta; b) impondo uma sanção àquele

---

[17] OSSA ARBELÁEZ, Jaime, *op. cit.*, p. 573.

[18] "Art. 49. A pena de multa consiste no pagamento ao fundo penitenciário da quantia fixada na sentença e calculada em dias-multa. Será, no mínimo, de 10 (dez) e, no máximo, de 360 (trezentos e sessenta) dias--multa."

[19] "Art. 1º. A execução judicial para cobrança da Dívida Ativa da União, dos Estados, do Distrito Federal, dos Municípios e respectivas autarquias será regida por esta Lei e, subsidiariamente, pelo Código de Processo Civil."

[20] "Art. 51. Transitada em julgado a sentença condenatória, a multa será considerada dívida de valor, aplicando-se-lhes as normas da legislação relativa à dívida ativa da Fazenda Pública, inclusive no que concerne às causas interruptivas e suspensivas da prescrição."

que lesou o bem jurídico tutelado.[21] No presente trabalho, será estudada a segunda forma de tutela dos bens jurídicos (letra *b*), qual seja, o Direito Sancionador, tutela essa que é formada tanto pelo Direito Administrativo como pelo Direito Penal.[22] Nesse sentido, a indenização civil não será analisada, até porque o Direito Civil regula a possibilidade de a vítima buscar um ressarcimento em virtude dos danos afligidos (hipótese descrita na letra *a, supra*), não podendo, por óbvio, confundir-se com o Direito Sancionador: naquele, visa-se a uma justa *reparação* – que se dá na forma de indenização pecuniária – enquanto nesse, pretende o Estado *castigar* o agente porque violou o Direito.[23] Dentre as formas de sancionar, detém o Estado duas modalidades: o Direito Administrativo Sancionador e o Direito Penal, ramos esses que, cada vez mais, passam a se confundir.[24] E, saliente-se, é essa confusão que permite concluir – ou não – a respei-

---

[21] "Um exemplo: o condutor C, de vinte anos de idade, recolhe o carro de seus pais da oficina, e, em virtude de um descuido, atropela, sobre uma calçada, o pedestre T, que resulta ferido. Quais questões jurídicas podem ser relacionadas com esse caso? Em primeiro lugar, é possível levar a efeito uma investigação de *Direito civil*: deve C indenizar T, e, em caso de resposta afirmativa, em que quantidade? (...) De outra parte, também se poderia realizar uma valoração de *Direito administrativo*, do Direito da ordem pública, e, nesse caso, perguntar: demonstrou C, mediante seu comportamento – até porque produziu um acidente –, que não está apto para a condução de veículos automotores? E, nesse caso, deve-se retirar a carteira de habilitação? (...) Voltemos ao caso antes estabelecido. Junto à investigação civil e a do Direito de ordem pública, fica uma investigação jurídico-penal: é punível C, e, nesse caso, de que modo?" (LESCH, Heiko Hartmut. La Función de la Pena. Tradução de Javier Sánchez-Vera Gómez-Trelles. *Cuadernos "Luis Jiménez de Asúa"*, n° 4. Coord.: Emilio Moreno Y Bravo, Madri, 1999, p. 11-13).

[22] PINILLA PINILLA, Nilson, *op. cit.*, p. 75.

[23] LESCH, Heiko Hartmut, *op. cit.*, p. 11.

[24] PINILLA PINILLA, Nilson, *op. cit.*, p. 75. De fato, o excessivo número de sanções existentes tem exigido seja feita essa distinção: "(...) pois se a doutrina administrativista vem lamentando a hipertrofia do Direito Administrativo sancionador, um importante setor da doutrina penalista vem fazendo o mesmo do Direito Penal." (NAVARRO CARDOSO, Fernando, *op. cit.*, p. 13).

to da necessidade de a atividade administrativa do Estado solicitar, por empréstimo do Direito Penal, os seus princípios.[25]

Necessário, pois, que se analise a atividade sancionadora administrativa, tudo com o objetivo de saber se se permite verificar uma autonomia frente ao Direito Penal e em que termos se dá tal autonomia. É o que se verá no capítulo seguinte.

---

[25] A relação entre esses dois ramos do Direito é assim resumida por Bajo Fernández: "Parte-se do princípio, já reconhecido pela anterior jurisprudência constitucional, de que os princípios inspiradores do Direito penal comum são de aplicação ao Direito administrativo sancionador por pertencerem ambos ao mesmo ordenamento punitivo" (BAJO FERNÁNDEZ, Miguel. La Responsabilidade Penal de las Personas Jurídicas en el Derecho Administrativo Español. *Responsabilidad Penal de las Empresas y sus Órganos y Responsabilidad por el Producto*. Coords.: LUZÓN PEÑA, Diego Manuel; MIR PUIG, Santiago. Barcelona: Bosch, 1996, p. 18).

## 2. O surgimento do Direito Administrativo Sancionador

Apresentada a importância do tema, cabe, nesse momento, celebrar uma análise do surgimento do Direito Administrativo Sancionador, tudo com o objetivo de ser possibilitada a sua individualização frente ao Direito Penal. Tal procedimento decorre do fato de ser reconhecida, com certa facilidade, a possibilidade de a Administração Pública impor sanções, sem precisar recorrer ao Poder Judiciário, embora os argumentos apresentados, do ponto de vista teórico, sejam pouco consistentes.[26]

De início, tem-se que o ideal, quando do estudo de um ramo do Direito, é analisar o seu panorama e identificar o local em que se encontram seus princípios, suas estruturas, sua natureza e, principalmente, a postura doutrinária que lhe é emprestada.[27] Nesse aspecto, chama a atenção, pelo menos no Direito brasileiro, o desinteresse pela matéria, considerando a escassez de estudos específicos a respeito do tema *Direito Administrativo Sancionador*,[28] postura essa que acaba por dificultar a sua compreensão.

---
[26] NIETO GARCÍA, Alejandro, *op. cit.*, p. 80.
[27] OSSA ARBELÁEZ, Jaime, *op. cit.*, p. 175.
[28] Osório refere que, em uma obra clássica, como a de Hely Lopes Meirelles (*Direito administrativo brasileiro*, atualizada por Eurico de Andrade Azevedo, Délcio Balestero Aleixo e José Emmanuel Burle Filho, 22.ed., Malheiros, São Paulo, 1997, 733 páginas), "(...) não consta nenhuma referência bibliográfica ou textual a alguma obra sobre Direito Adminis-

Não tem havido uma teorização adequada a respeito dos princípios que devem orientar o chamado Direito Administrativo Sancionador, não obstante seja usual, comum e rotineira a utilização desse ramo jurídico como forma de coibir comportamentos socialmente danosos.[29]

Tal característica, qual seja, o desinteresse sobre o tema, não identifica uma particularidade brasileira. Isso porque é possível se encontrarem doutrinadores estrangeiros que proferem afirmações idênticas,[30] quais sejam, que, embora se perceba o agir sancionador da Administração, o estudo das sanções administrativas acha-se em um estado elementar, em uma situação primária, carente de estrutura científica. É o que se verá no item a seguir.

---

trativo Sancionador no Brasil ou sequer no exterior" (OSÓRIO, Fábio Medina. Direito Administrativo Sancionador e Direito Penal: Quais os Limites do *Jus Puniendi* Estatal na Repressão dos Atos de Improbidade Administrativa? *Revista Ibero-Americana de Ciências Penais* (Coords.: CALLEGARI, André Luís; GIACOMOLLI, Nereu José; KREBS, Pedro). N° 1. Porto Alegre: CEIP – Centro de Estudos Ibero-Americano de Ciências Penais, Set./Dez. 2000, p. 73). Idêntica crítica pode ser feita em relação às obras de: Maria Sylvia Zanella Di Pietro (*Direito administrativo*. 13.ed. São Paulo: Atlas, 2001, 712 páginas); Celso Ribeiro Bastos (*Curso de Direito administrativo*. 2.ed. São Paulo: Saraiva, 1996, 345 páginas); Marcelo Harger (*Princípios constitucionais do processo administrativo*. Rio de Janeiro: Forense, 2001, 195 páginas); Odete Medauar (*Direito administrativo moderno – de acordo com a EC 19/98*. 3.ed. São Paulo: RT, 1999, 463 páginas); José Cretella Júnior (*Curso de direito administrativo*. 8.ed. Rio de Janeiro: Forense, 1986, 717 páginas); Lúcia Valle Figueiredo (*Curso de direito administrativo*. 4.ed. São Paulo: Malheiros, 2000, 622 páginas); José dos Santos Carvalho Filho (*Manual de direito administrativo*. 7.ed. Rio de Janeiro: Lumen Juris, 2001, 902 páginas). Já Ruy Cirne Lima (*Princípios de direito administrativo*. 6.ed. São Paulo: RT, 1987, 219 páginas), como exceção, aborda o tema *Direito Administrativo Sancionador* (denominado de *Direito Penal Administrativo*), reservando pouco mais de quatro páginas para ele (p. 215-219).

[29] OSÓRIO, Fábio Medina, *Direito administrativo sancionador*, p. 20-21.
[30] OSSA ARBELÁEZ, Jaime, *op. cit.*, p. 176.

## 2.1. A denominação Direito Administrativo Sancionador

O número de expressões que traduzem o fato de a Administração Pública imputar sanções quando da prática de determinadas condutas pelos administrados é significativa: *Direito Penal de Polícia, Direito Penal Administrativo, Direito Administrativo Sancionador, Direito Administrativo Sancionatório, Polícia Administrativa, Econômica, Monetária ou Financeira*. O presente trabalho tratará de identificar esse ramo do Direito pela expressão *Direito Administrativo Sancionador*, eis que aquela que restou consagrada pela doutrina.[31]

## 2.2. A definição do Direito Administrativo Sancionador

Pode-se afirmar que a atividade sancionadora administrativa foi alvo de uma evolução terminológica. Durante muito tempo, a atividade sancionadora administrativa era vista como um *Direito Penal de Polícia*, expressão essa que remete à época em que tal atuação era confundida com o próprio exercício de polícia, operando como se fosse a *única* alternativa à prestação da atividade jurisdicional.[32] Tal

---

[31] PINILLA PINILLA, Nilson, *op. cit.*, p. 82. Basta, para tanto, ver o título das obras de Ángeles de Palma del Teso, Alejandro Nieto García, Fábio Medina Osório e Jaime Ossa Arbeláez, para se verificar que, efetivamente, a utilização da denominação *Direito Administrativo Sancionador* é a mais aceita pela doutrina. Neste sentido, afirmando de igual forma: "Na atualidade, entretanto, há sido imposto o termo 'Direito Administrativo Sancionador', que é habitual na Jurisprudência e que a doutrina tem aceito sem dificuldades." (NIETO GARCÍA, Alejandro, *op. cit.*, p. 178).

[32] "Durante vários séculos se há vindo considerando sem vacilações que as sanções impostas pelos órgãos da Administração o eram no exercício da potestade de Polícia. Uma atitude perfeitamente lógica se se tem em conta que *a Polícia se identificava com a Administração* anterior e operava como 'a' alternativa à Jurisdição" (NIETO GARCÍA, Alejandro, *op. cit.*, p. 178).

enfoque acabou por evoluir,[33] especialmente quando se passou a vê-la como "uma" das inúmeras alternativas de atividade administrativa, e não a única, conferindo, assim, um papel mais intervencionista à Administração.[34]

A partir dessa nova versão conferida à atividade sancionatória, passou-se a utilizar a expressão *Direito Penal Administrativo*, objetivando identificar o ramo do Direito que estuda a atividade sancionadora administrativa.[35]

---

[33] Em verdade, não foi alterado o enfoque conferido à Polícia somente, mas à própria atividade administrativa, que passou a ser vista como algo mais que aquela (NIETO GARCÍA, Alejandro, *op. cit.*, p. 181).

[34] "Assim as coisas, a Administração passa para primeiro plano. A Administração tem fins próprios que alcançar, individualizados e em respeito ao que compreende o Ordenamento Jurídico, e para poder lográ-los conta com uma potestade sancionadora própria, graças à qual se autoajuda e pode impor coativamente o cumprimento das normas. Sem necessidade, pois, de insistir na exposição dessa postura (posto que a literatura primária e secundária sobre o particular é conhecida e mais que suficiente), basta sublinhar que a meta do Direito Penal Administrativo é 'a completa despenalização do injusto administrativo'. Expressado em termos psicoanalíticos, o Direito Penal Administrativo conhece – e não se atreve a negar – a plenitude do Direito Penal, mas busca sua identidade na ruptura com o pai e na ênfase sobre o administrativo" (NIETO GARCÍA, Alejandro, *op. cit.*, p. 181).

[35] "James Goldschmidt, anteriormente mencionado como pioneiro na matéria, definiu o Direito Penal Administrativo como o conjunto de disposições mediante as quais a administração estatal, encarregada de favorecer o bem-estar público, vincula à transgressão de uma disposição administrativa, como pressuposto de fato, uma pena, como consequência administrativa" (PINILLA PINILLA, Nilson, *op. cit.*, p. 82). A origem do termo *Direito Penal Administrativo* é, efetivamente, devida a James Goldschmidt, embora o seu mérito tenha sido, de acordo com Nieto García, o de teorizar algo que já existia: "Só se atribui a James Goldschmidt a paternidade do Direito Penal Administrativo e, efetivamente, a ele se deve uma formulação completa do mesmo, baseada, por certo, em uma análise histórica minuciosíssima (*Verwaltungsstrafrecht*, 1902). É claro, no entanto, que esta teoria não pôde sair do nada e que o autor se limitou, em um esforço admirável, a racionalizar e expressar em termos técnicos algo que flutuava no ambiente já há muitos anos, mas que, até então, só havia logrado manifestar-se em intenções e balbuceios" (NIETO GARCÍA, Alejandro, *op. cit.*, p. 181).

Sob um mesmo enfoque, lecionam: Enrico Ferri, para quem "se deve chegar à constituição de um 'direito penal administrativo' tendo por objeto as contravenções, diverso do 'direito penal' tendo por objeto os crimes";[36] Manoel Cobo Del Rosal e Tomás S. Vives Antón reconhecem a existência de um *Direito Penal Administrativo*, embora não admitam um poder sancionador autônomo da Administração, mas, pelo contrário, existe um limite a esse referido processo de administrativização da sanção, atividade essa que "originariamente reside nos Juízes e Tribunais, e cujo exercício por outros órgãos haverá de se submeter a um controle judicial imediato e efetivo";[37] Juan Bustos Ramírez refere que atualmente se admite a existência de um Direito Penal Administrativo, embora entenda que as sanções administrativas não apresentem uma diferença qualitativa, e sim quantitativa, em relação às sanções penais.[38]

Com a evolução do próprio Direito Administrativo, passa-se à fase do Direito Administrativo Sancionador, dotando a esse ramo do Direito uma autonomia em relação ao Direito Penal.[39]

O *Direito Administrativo* Sancionador, ao contrário do ultrapassado *Direito Penal* Administrativo, pela própria denominação, sugere que essa matéria pertença ao Direito

---

[36] FERRI, Enrico. *Princípios de Direito criminal – o criminoso e o crime*. 2.ed. Tradução de Paolo Capitanio. Campinas: Bookseller, 1999, p. 135.

[37] COBO DEL ROSAL, Manoel; VIVES ANTÓN, Tomás S. *Derecho penal – parte general*. 5.ed. corrigida, aumentada e atualizada. Valência: Tirant Lo Blanch, 1999, p. 51.

[38] BUSTOS RAMÍREZ, Juan. *Manual de Derecho penal – parte general*. 4.ed. aumentada, corrigida e atualizada por Hernán Hormazábal Malarée. Barcelona: PPU, 1994, p. 131.

[39] "O grande objetivo, substancialmente logrado, deste novo Direito consiste em explicar a existência de uma potestade sancionadora da Administração, distinta da penal, ainda que muito próxima a ela, e, além disso, dotar o seu exercício de meios técnico-jurídicos suficientes, potencializando, de fato, as garantias do particular" (NIETO GARCÍA, Alejandro, *op. cit.*, p. 182).

Administrativo, e que o *Sancionador* representa um mero adjetivo da atividade administrativa, salientando que esse Direito está vinculado ao Direito Penal, sem deixar, entretanto, de ser Administrativo.[40]

Nesse sentido, adotando a denominação *Direito Administrativo Sancionador*, pode-se referir: Joaquín Cuello Contreras, que define o Direito Administrativo Sancionador como sendo aquele com o qual se "protege bens jurídicos públicos mediante a ameaça de sanções (fundamentalmente a multa)", embora entenda, paralelamente a esse ramo do Direito, existir um Direito Disciplinar mediante o qual se "protege o normal desempenho da função pública";[41] Francisco Muñoz Conde e Mercedes García Arán conferem ao Direito Administrativo Sancionador ou Disciplinar o estudo das infrações administrativas e disciplinares;[42] Günther Jakobs reconhece o Direito Administrativo Sancionatório, em contraposição ao Direito Penal, pela sanção estatal a ser aplicada, adotando uma distinção *quantitativa*, e não *qualitativa*;[43] fazendo uso de um idêntico raciocínio,

---

[40] "O qual não era necessário, também, posto que um Direito Administrativo Sancionador pode funcionar perfeitamente de maneira autônoma e rigorosamente independente do Penal. Mas se a fórmula não é necessária, parece, desde logo, *conjunturalmente oportuníssima* já que, dessa forma, se abre passo, com absoluta naturalidade, às influências benéficas (maturadas em uma evolução bicentenária) do Direito Penal. O Direito Administrativo Sancionador não quis renunciar a sua nacionalidade de origem (o Direito Administrativo), mas, como dele desconfia e de seu autoritarismo tradicional, não buscou aqui os mecanismos de proteção e garantias dos interessados e preferiu 'tomá-las emprestado' do Direito Penal, que possui uma maior experiência a tal propósito" (NIETO GARCÍA, Alejandro, *op. cit.*, p. 182-183).

[41] CUELLO CONTRERAS, Joaquín. *El Derecho penal español – parte general – nociones introductorias, teoría del delito/1*. 2.ed. Madri: Civitas, 1996, p. 39 e ss.

[42] MUÑOZ CONDE, Francisco; GARCÍA ARÁN, Mercedes. *Derecho penal – parte general*. Valência: Tirant Lo Blanch, 1993, p. 99.

[43] JAKOBS, Günther. *Derecho penal – parte general – fundamentos y teoría de la imputación*. 2.ed. corrigida. Tradução de Joaquín Cuello Contreras e Jose Luis Serrano Gonzalez de Murillo. Madri: Marcial Pons, 1997, p. 64.

qual seja, que a diferença reside na *intensidade* da sanção, Hans-Heinrich Jescheck reconhece a existência de um *Direito das Infrações Administrativas*.[44]

Vista e analisada, assim, a denominação preponderante para esse ramo do Direito, no próximo tópico será estudada a origem do Direito Administrativo Sancionador.

### 2.3. A origem do Direito Administrativo Sancionador. A separação dos poderes como marco inicial e sua evolução

De vital importância para a presente pesquisa é a análise da origem da face sancionadora da Administração, tudo com o objetivo de saber se se trata de um ramo dotado de autonomia frente ao Direito Penal.

Para tanto, deve-se levar em consideração a nova estrutura administrativa dos Estados proporcionada pelos ideais da Revolução Francesa; assim, por óbvio, até o século XVIII não há o que se falar em relação a uma *atividade administrativa* propriamente dita,[45] fato este que, por conseguinte, possibilita vislumbrar-se a inexistência do próprio Direito Administrativo.[46] De fato, somente a partir da adoção das ideias revolucionárias – onde se insere o princípio da separação de poderes – é que se pôde reconhecer uma atividade dirigida ao atendimento dos interesses

---

[44] JESCHECK, Hans-Heinrich. *Tratado de Derecho penal – parte general*. 4.ed. corrigida e ampliada. Tradução de José Luis Manzanares Samaniego. Granada: Comares, 1993, p. 52.

[45] DE PALMA DEL TESO, Ángeles. *El principio de culpabilidad en el Derecho administrativo sancionador*. Madri: Tecnos, 1996, p. 21.

[46] "O Direito Administrativo, como ramo autônomo, nasceu em fins do século XVIII e início do século XIX, o que não significa que inexistissem anteriormente normas administrativas, pois onde quer que exista o Estado, existem órgãos encarregados do exercício de funções administrativas. O que ocorre é que tais normas se enquadravam no *jus civile*, da mesma forma que nele se inseriam as demais, hoje pertencentes a outros ramos do direito" (DI PIETRO, Maria Sylvia Zanella, *op. cit.*, p. 23).

públicos.[47] É que até o século XVIII, na Europa ocidental medieval, a administração do Estado confundia-se com os interesses próprios e individuais dos governantes. De fato, o atendimento às suas ordens obedecia uma estrutura onde o governo era considerado apenas como um mero prolongamento do domínio privado do governante.[48]

---

[47] A existência, por si só, de um Estado já é elemento suficiente para que se reconheça a necessidade de uma administração dele próprio. Entretanto, o enfoque que se deseja imprimir ao Direito Administrativo neste trabalho é a *relação* existente entre um Estado e os seus administrados, como demonstra Crozier: "A análise permite mostrar que o Estado não deve ser considerado em si, mas em suas relações com a sociedade. O predomínio do Estado nacional é uma solução particular contingente, que implica uma separação ou uma distância entre os que administram o tecido coletivo e os que se beneficiam com essa administração (ou a padecem). O problema não radica em que o Estado seja eficaz em si, mas em que as relações entre o Estado e a sociedade sejam tais que esta obtenha os serviços necessários e, em verdade, receba ajuda de uma boa administração." (CROZIER, Michel. *Estado modesto, estado moderno: estrategia para el cambio*. 2.ed. Trad. de Jorge Ferreiro. Cidade do México: Fondo de Cultura Económica, 1992, p. 64-65).

[48] "O governante ou chefe patrimonial está relacionado com seus subordinados e funcionários pessoais da seguinte maneira: 1. Através de decisões arbitrárias no momento em que o dirigente confere poderes a seus funcionários, ou os comissiona para realizar determinadas tarefas; em princípio, ele é livre para alterar esses poderes ou comissões segundo sua conveniência. 2. A questão de quem decidirá um assunto – qual de seus funcionários ou o próprio chefe – [...] é tratada [...] [ou] tradicionalmente, com base na autoridade de normas legais ou precedentes particulares recebidos, [ou] inteiramente com base em decisões arbitrárias do chefe. 3. [...] Funcionários e favoritos da família são com muita freqüência (*sic*) recrutados numa base puramente patrimonial dentre os escravos ou servos de um chefe. Se o recrutamento foi extrapatrimonial [*i.e.*, fora do domicílio familiar pessoal do governante], eles tendiam a ser portadores de benefícios que lhes foram concedidos como um ato de graça sem compromisso com nenhuma regra formal. 4. A qualificação para o ofício depende inteiramente do juízo de valor pessoal do governante entre seus funcionários domésticos, partidários ou favoritos. 5. Funcionários e favoritos domésticos são geralmente sustentados e equipados na casa do chefe e de seus armazéns pessoais. [...] 6. Através de mudanças abruptas na nomeação e de uma série de outros atos arbitrários, o governante faz todos os esforços para evitar a identificação de

Tal modelo de administração possibilitou o estabelecimento de relações estatais não jurídicas, que eram aquelas travadas entre o Estado e o agente administrativo.[49]

No tocante ao Direito Administrativo Sancionador, o raciocínio era idêntico: em não havendo a separação de poderes, eram os Tribunais que detinham o poder de aplicar toda classe de penas.[50] Deve-se, entretanto, salientar

---

qualquer funcionário ou favorito doméstico com o ofício que ele ocupa numa determinada época. 7. O próprio governante ou seus funcionários e favoritos que agem em seu nome conduzem os negócios do governo quando e se o consideram apropriado, isto é, ou por pagamento de uma comissão ou por um ato de graça unilateral" (BENDIX, Reinhard. *Construção nacional e cidadania*. Trad. de Mary Amazonas Leite de Barros. São Paulo: USP, 1996, p. 141-142).

[49] "A Administração não está regida pelo direito quando as regras a que obedece são puramente internas, obrigatórias para os agentes em relação aos seus superiores, mas não em relação aos administrados. O desrespeito da regra pode, nesse caso, provocar uma sanção, imposta pelo superior ao agente culpado por ter desrespeitado a sua autoridade e introduzido a desordem no aparelho administrativo; mas o administrado que esse desrespeito lesou não tem legitimidade para se queixar: a Administração não se quis vincular em relação a ele, e guarda a seu respeito inteira liberdade. Aliás, a norma com que ela se dotou não é normalmente conhecida fora do círculo dos administradores: não está sujeita a qualquer publicidade. Um tal esquema não é de maneira nenhuma teórico; corresponde ao que se chama o *Estado de polícia*, no qual a Administração está sujeita a uma 'polícia', quer dizer, uma regulamentação, mas sem valor jurídico; tal era a Administração do século XVIII, sob o império do despotismo esclarecido" (RIVERO, Jean. *Direito administrativo*. Trad. de Rogério Ehrhardt Soares. Coimbra: Almedina, 1981, p. 18-19).

[50] DE PALMA DEL TESO, Ángeles, *op. cit.*, p. 21. Embora esse entendimento seja o prevalecente, qual seja, que somente com o advento da Revolução Francesa surgiria o que se pode chamar de *sanção administrativa* (DE PALMA DEL TESO, Ángeles, *op. cit.*, p. 21), o certo é que, pelo menos em alguns países – na Espanha, por exemplo –, antes mesmo de dita revolução, houve a criação de órgãos administrativos com a incumbência de impor sanções. É o caso do Real Decreto, de 17.3.1782, que assim dispunha: "Cria-se uma *superintendência geral de polícia* para cuidar da execução das leis, autos acordados, partidos, decretos e demais providências tocando à polícia material e formal, *corrigindo e multando os contraventores* [...] e que estas faculdades e jurisdição do superintendente

que os Tribunais (como era o caso da Alemanha), embora autônomos, sofriam fortes influências do monarca.[51] Essa carência de autonomia dos Tribunais foi alvo das mudanças idealizadas pela Revolução Francesa, ao ser proposta a criação de Tribunais Administrativos, subtraindo, assim, do Judiciário, a possibilidade de estes controlarem os Administradores.[52]

---

fosse por via econômica, governamental e executiva, como são todas as leis e bandos de polícia, sem apelação ou recurso [...] e nos casos em que, dos procedimentos, resultasse descobrir-se algum delito, prejuízo de terceiro, ou motivo de formal instância judicial, cuidaria o superintendente de o remeter todo ao juiz correspondente." (NIETO GARCÍA, Alejandro, *op. cit.*, p. 50).

[51] "O príncipe havia exercido, desde a antiguidade, o poder judicial supremo em seu território, julgando ele mesmo ou fazendo julgar por seus conselheiros, vigiando os tribunais do país e avocando, às vezes, as causas que lhe interessava resolver diretamente. Conforme o regime de polícia dominante nesta época, o príncipe podia se intrometer de tal maneira na administração da justiça. Em verdade, a justiça civil e a criminal estavam, de ordinário, confiadas a tribunais instituídos com esse fim. Mas o príncipe podia a todo momento pôr fim a um processo civil ou criminal por um ato de soberania (*Machtspruch*). Então decidia pessoalmente o que devia ser direito no caso particular; ou ordenava ao tribunal pronunciar determinada sentença" (MAYER, Otto, *op. cit.*, p. 51).

[52] "Os homens da Revolução, dominados pela lembrança do combate secular travado pelos Parlamentares contra a administração real, entenderam subtrair a actividade dos administradores ao controlo do poder judicial; retiraram, pois, ao juiz ordinário o conjunto dos litígios respeitantes à Administração. Por conseguinte, esses litígios foram confiados a uma jurisdição especial, estreitamente ligada ao poder executivo, à cabeça da qual se encontra, desde o ano VIII, o Conselho de Estado. A tendência do juiz ordinário teria sido a de aplicar aos litígios administrativos as regras do direito que lhe era familiar, ou seja, do direito privado. O juiz administrativo, pelo contrário, muito mais ao par das exigências próprias da actividade administrativa, subtraiu-a muito naturalmente a um direito que ele de modo algum tinha por missão aplicar; desempenhou um papel decisivo na elaboração de um direito administrativo autónomo. Há pois um laço muito acentuado entre a existência de uma jurisdição administrativa distinta da jurisdição ordinária e a de um direito administrativo distinto do direito privado" (RIVERO, Jean, *op. cit.*, p. 23-24).

A atividade sancionadora estatal tem origem na sua intenção de fazer valer a sua supremacia, sendo que tal demonstração de autoridade decorre da edição de normas determinadoras de ordens e proibições. Essas normas, entretanto, de nada valem se não lhes for atribuída a cogência, isto é, se não forem os particulares obrigados a cumpri-las. É por isso que sempre se acatou a ideia da qual as normas jurídicas, para se caracterizarem como de atendimento obrigatório, devem sempre vir acompanhadas de uma respectiva sanção, objetivando, assim, coagir as pessoas a atenderem os seus mandamentos.[53] Tal peculiaridade, saliente-se, além de ser a principal característica, é o critério distintivo das disposições jurídicas, frente às outras espécies de normas.[54] É de se verificar, portanto, que, até o século XVIII, a identificação do órgão competente para aplicar sanções – se o juiz ou o Administrador – não é um critério seguro para definir o que é atividade sancionatória da Administração e o que é jurisdição.[55]

A partir do século XIX, com o advento dos ideais liberais estipulados pela revolução, dá-se por iniciado um novo enfoque a respeito do próprio conceito de *atividade administrativa*,[56] tendo sido alterado, inclusive, sua estrutura,

---

[53] NIETO GARCÍA, Alejandro, *op. cit.*, p. 50.

[54] "Um dos elementos estruturais que caracterizam a norma jurídica frente a outros tipos de normas (sociais, morais, etc.) é, precisamente, sua potencialidade aplicativa a respeito da realidade que pretende regular. Quer dizer, a norma jurídica acarreta que seu descumprimento dá lugar à reação do ordenamento jurídico, reação que implica uma compulsão para sua aplicação através de uma sanção" (BLASCO PELLICER, Angel. *Sanciones administrativas en el ordem social*. Valência: Tirant Lo Blanch, 1998, p. 13).

[55] NIETO GARCÍA, Alejandro, *op. cit.*, p. 50.

[56] DI PIETRO, Maria Sylvia Zanella, *op. cit.*, p. 24. Neste sentido: "Um corolário inquestionável dessa emergência do Estado-nação é o desenvolvimento de um corpo de funcionários, cujo recrutamento e execução política foram gradualmente separados do envolvimento previamente existente de funcionários com lealdades por parentesco, privilégios hereditários e interesses de propriedade." (BENDIX, Reinhard, *op. cit.*, p. 141).

passando de uma postura patriarcal para uma racional.[57] Surge, assim, uma nova e moderna acepção de atividade administrativa, que detém na sanção a defesa última dos anseios dos governantes.[58] Tal enfoque conferido à Administração permitiu com que se desse início ao debate a respeito da possibilidade de ela poder (ou não) impor sanções àqueles que lesionassem bens jurídicos de terceiros, sem a necessidade, entretanto, de recorrer aos Tribunais.[59]

Para alguns sistemas jurídicos (no caso de França, Alemanha, Itália), prevaleceu o entendimento de que a separação dos poderes exigia uma legalização e judicialização da atividade sancionadora (*nullum crimen, nulla poena sine lege; nulla poena sine legale judicium*), descabendo, pois, à Administração, a possibilidade de impor sanções, eis que

---

[57] "No moderno Estado-nação do tipo ocidental a administração governamental é caracterizada por uma orientação dirigida para regulamentações legais e administrativas. (...) Uma burocracia tende a ser caracterizada por: 1. direitos e deveres definidos, que são prescritos em regulamentos escritos; 2. relações de autoridade entre posições que são ordenadas sistematicamente; 3. nomeação e promoção que são regulamentadas e baseadas em acordo contratual; 4. treinamento básico (ou experiência) como uma condição de emprego formal; 5. salários monetários fixados; 6. estrita separação entre cargo e encarregado no sentido de que o empregado não possui os 'meios de administração' e não pode se apropriar da posição, e 7. trabalho administrativo como uma ocupação de tempo integral" (BENDIX, Reinhard, *op. cit.*, p. 143).

[58] "Além disso, em relação ao direito administrativo, este logrou dar garantia à soberania da lei exigido pelo regime do direito: se a lei não fosse mais que uma forma a observar pelo príncipe, ela só seria uma situação precária, faltaria a sanção; se, pelo contrário, o príncipe encontra na lei a vontade da representação nacional, ao violá-la viola os direitos daquela; a lei tem, pois, seu guardião. Eis aqui a utilidade da instituição; seria difícil encontrar um meio mais eficaz de assegurar este fim essencial para o Estado moderno. (...) Para expressar esta ideia, os autores franceses gostam de repetir as palavras de Monnier usadas em seu discurso sobre o projeto de Constituição de 13 de agosto de 1789: os poderes não devem estar 'inteiramente separados'; basta que estejam 'divididos'" (MAYER, Otto, *op. cit.*, p. 90-91).

[59] DE PALMA DEL TESO, Ángeles, *op. cit.*, p. 22.

a mesma traduziria uma intervenção na liberdade ou na propriedade do cidadão, direitos esses que estariam sob a tutela do Poder Judiciário. Nesses países, portanto, foi mantida a antiga estrutura na qual somente os Tribunais poderiam impor sanções.[60]

De outro lado, em alguns países como Espanha, Suíça ou Áustria, o entendimento foi diverso, ou seja, o princípio da separação de poderes não foi bastante para impedir a atividade sancionadora da Administração.[61]

Ao longo dos anos, houve uma insistência na autonomia da Administração, onde restou consagrado o entendimento de que o princípio da separação dos poderes vedava não só que a Administração interviesse na atividade jurisdicional, mas também impossibilitava que os juízes atuassem como Administradores.[62]

De fato, a Europa percebeu a coexistência de dois sistemas totalmente distintos, embora ambos fossem teoricamente plausíveis e verificados na prática sem restrição

---

[60] NIETO GARCÍA, Alejandro, *op. cit.*, p. 51.

[61] De fato, o caso espanhol é até compreensível. Conforme já fora referido, antes mesmo da adoção do princípio da separação dos poderes, a imposição de sanção pela Administração já era reconhecida e permitida. Na Espanha, a ideia foi simplesmente a de generalizar a fórmula que antes se apresentava de forma excepcional, e com nítido caráter policial (NIETO GARCÍA, Alejandro, *op. cit.*, p. 51). Tal procedimento, saliente-se, foi gradativo: a Constituição de 1812 monopolizou a atividade sancionadora nas mãos do Poder Judiciário (o artigo 172 proibia o Rei de "privar qualquer indivíduo de sua liberdade nem lhe impor, por si, pena alguma."), embora, um ano depois, o Decreto de 23.6.1813 concedeu, novamente, ao Executivo uma potestade sancionadora [o artigo 1º do Capítulo III permitia ao chefe de polícia (órgão do executivo) "impor e exigir multas aos que lhe desobedecerem ou faltarem com o respeito, e aos que turbarem a ordem ou o sossego público"]. Tal postura, embora tímida, acabou por dar início a uma via sem retorno, que cada vez mais se viu ampliada (DE PALMA DEL TESO, Ángeles, *op. cit.*, p. 22-23).

[62] DE PALMA DEL TESO, Ángeles, *op. cit.*, p. 23.

alguma. A escolha de um ou de outro modelo era uma questão de vontade política e de ideologia.[63]

Atualmente, entende-se ser possível a Administração Pública impor sanções aos administrados, embora não seja clara a natureza destas. Não é à toa, por sinal, que se utiliza a expressão *poder público*[64] para caracterizar a atividade estatal.[65]

---

[63] NIETO GARCÍA, Alejandro, *op. cit.*, p. 51. Afirmando que os princípios que orientam a atividade administrativa não são uniformes, embora não dizendo respeito à época acima referida, mas como uma observação constante: "As respostas de cada um dos grandes países ocidentais são distintas. Claramente existe uma especificidade administrativa própria de cada um deles. Mas a análise mostra que os problemas são os mesmos, que todas as soluções apresentam graves deficiências e que só a comparação permite compreender melhor cada uma delas." (CROZIER, Michel, *op. cit.*, p. 64).

[64] A ideia de *poder público* muitas vezes pode se confundir com o próprio Estado, como se aquele fosse a *principal* característica deste: "O *poder público* do Estado entende-se por oposição aos poderes do direito privado. (...) O Estado pode, às vezes, não se servir desta faculdade e se colocar no terreno da igualdade jurídica. Fora destes casos excepcionais, em todos os demais, que formam a regra, diz-se que o Estado se manifesta com o poder público ou como poder público, ou melhor, que o poder público aparece com ele." (MAYER, Otto, *op. cit.*, p. 89).

[65] "À diferença de fins corresponde uma diferença de meios. As relações entre os particulares baseiam-se na igualdade jurídica; nenhuma vontade privada é, por essência, superior a outra em termos de poder impor-se-lhe contra o seu querer; é por isso que o acto que caracteriza as relações privadas é o *contrato*, ou seja, o acordo de vontades. A Administração, porém, tem de satisfazer o interesse geral. E não o conseguiria se encontrasse colocada em pé de igualdade com os particulares: as vontades destes, determinadas por motivos puramente pessoais, poriam a sua em cheque sempre que as colocasse em presença dos constrangimentos e sacrifícios que o interesse geral exige. A Administração recebeu, pois, o poder de vencer essas resistências; as suas decisões obrigam, sem que tenha de obter o consentimento dos interessados, e pode, apesar da oposição destes, prosseguir a sua execução. pela expressão, bastante mal escolhida, mas tradicional, de *poder público*, deve entender-se esse conjunto de prerrogativas concedidas à Administração para lhe permitir fazer prevalecer o interesse geral. O recurso a estes processos autoritários nem sempre é necessário; quando a vontade da Administração, na prossecução do interesse geral, vai ao encontro da do particular,

Nesse aspecto, tanto a doutrina como a jurisprudência de outros países – como é o caso da Espanha, por exemplo – já de há bastante tempo vêm enfrentando o problema:

> O próprio Tribunal Constitucional reconheceu em sua Sentença 77/83, de 3 de outubro (FJ 2) que "Não existe dúvida que em um sistema que vigesse de maneira estrita e sem fissuras a divisão de poderes do Estado, a potestade sancionadora deveria constituir um monopólio judicial e não poderia estar nunca em mãos da Administração, mas um sistema semelhante não há funcionado nunca historicamente e é lícito duvidar que fosse também viável, por razões que não é agora o momento de expor com detalhe, entre as quais se podem citar a conveniência de não sobrecarregar em excesso as atividades da Administração da Justiça como consequência de ilícitos de menor gravidade, a conveniência de dotar de uma maior eficácia ao aparato repressivo em relação com esse tipo de ilícitos e a conveniência de uma maior imediação da autoridade sancionadora a respeito dos atos sancionados".[66]

Isto porque o modelo adotado de Estado – Estado Social – prevê a necessidade de um aparato estatal ativo (intervencionista), ao contrário do modelo liberal (passivo), que entende não poder o Estado interferir nos problemas sociais. Assim o sendo, pode-se dizer que, da origem comum dos sistemas europeus, o princípio da separação de poderes acabou por determinar a existência de dois modelos punitivos, modelos esses que predominaram até a transformação da ideia e de finalidade do Estado, quando acabou por determinar uma nova convergência de ambos os regimes.[67]

---

pode utilizar a técnica do *contrato*. Mas a *decisão unilateral* continua a ser o processo mais característico da acção administrativa, e o mais freqüente *(sic)*" (RIVERO, Jean, *op. cit.*, p. 15-16).

[66] DE PALMA DEL TESO, Ángeles, *op. cit.*, p. 24.

[67] DE PALMA DEL TESO, Ángeles, *op. cit.*, p. 23. O entendimento do qual o Estado-Administração poderia impor sanções decorreu seja de um modo originário, como foi o caso da Espanha, Áustria ou Suíça, ou como consequência de um modelo de despenalização, que foi o argumento utilizado na Itália e na Alemanha (DE PALMA DEL TESO, Ángeles, *op. cit.*, p. 28).

## 2.4. O reconhecimento do Direito Administrativo Sancionador no direito positivo brasileiro

A coexistência das duas espécies de sanções – penal e administrativa – é determinada pela própria CF, confirmando, assim, a legitimidade de o Estado exercer seu *jus puniendi* por meio das suas duas formas, quais sejam, *administrativa* e *penalmente*. Tal conclusão decorre da leitura, por exemplo, do art. 5º, inc. LV,[68] bem como do § 3º do art. 225.[69]

Mesmo que assim não o fosse, ou seja, ainda que a CF não determinasse expressamente essa atribuição à Administração, qual seja, o de impor sanções sem a necessidade de recorrer ao Poder Judiciário, nunca é demais assinalar que, de acordo com Weber, o moderno conceito de Estado, enquanto fonte última de toda legitimidade do poder físico, repousa no monopólio da violência legítima mediante a associação política.[70] Ao descrever as categorias fundamentais da dominação racional (tipo de dominação estatutária

---

[68] "aos litigantes, em *processo judicial ou administrativo*, e aos acusados em geral são assegurados o contraditório e ampla defesa, com os meios e recursos a ela inerentes."

[69] "As condutas e atividades consideradas lesivas ao meio ambiente sujeitarão os infratores, pessoas físicas ou jurídicas, a *sanções penais e administrativas*".

[70] "Do ponto de vista da consideração sociológica, uma associação 'política', e particularmente um 'Estado', não pode ser definida pelo conteúdo daquilo que faz. Não há quase nenhuma tarefa que alguma associação política, em algum momento, não tivesse tomado em suas mãos, mas, por outro lado, também não há nenhuma da qual se poderia dizer que tivesse sido própria, em todos os momentos e exclusivamente, daquelas associações que se chamam políticas (ou hoje: Estados) ou que são historicamente as precursoras do Estado moderno. Ao contrário, somente se pode, afinal, definir sociologicamente o Estado moderno por um *meio* específico que lhe é próprio, como também a toda associação política: o da coação física. 'Todo Estado fundamenta-se na coação', disse em seu tempo Trotski, em Brest-Litovski" (WEBER, Max. *Economia e sociedade – fundamentos da sociologia compreensiva*. V. 2. Trad. de Regis Barbosa e Karen Elsabe Barbosa. Brasília: UnB, 1999, p. 525).

ou legal), Weber inclui, dentro da competência da administração, a atribuição de poderes necessários para ordenar e fixar a clara delimitação dos meios coativos aceitáveis, assim como os pressupostos de seu emprego.[71]

De fato, embora o Estado de Direito reconheça que os cidadãos são detentores dos Direitos de liberdade e de propriedade, o exercício de um poder sancionador por parte do Estado-Administração está legitimado desde que o mesmo seja dirigido ao cerceamento dos abusos desses mesmos Direitos.[72]

Nesse sentido, seja em virtude dos dispositivos constitucionais antes referidos ou em decorrência da própria natureza do Estado, pode-se dizer que à Administração Pública é concedido o poder de impor sanções.[73]

---

[71] WEBER, Max, *op. cit.*, p. 526-527.

[72] BACIGALUPO, Enrique. *Sanciones administrativas – Derecho español y comunitario.* Madri: Colex, 1991, p. 11. Tal questão resta esclarecida por Mello: "Convém desde logo observar que não se deve confundir liberdade e propriedade com *direito de liberdade* e *direito de propriedade.* Estes últimos são as expressões daqueles, porém, tal como admitidos em um dado sistema normativo. (...) São elas, na verdade, a fisionomia normativa dele. Há, isto sim, limitações à liberdade e à propriedade. (...) Portanto, as limitações ao exercício da liberdade e da propriedade correspondem à configuração de sua área de manifestação legítima, isto é, da esfera jurídica da liberdade e da propriedade tuteladas pelo sistema. *É precisamente esta a razão pela qual as chamadas limitações administrativas à propriedade não são indenizáveis.* Posto que através de tais medidas de polícia não há interferência onerosa a um direito, mas tão só definição que giza suas fronteiras, inexiste o gravame que abriria ensanchas a uma obrigação pública de reparar" (MELLO, Celso Antônio Bandeira de. *Curso de direito administrativo.* 4.ed. São Paulo: Malheiros, 1993, p. 349-351).

[73] WEBER, Max, *op. cit.*, p. 526-527. Entretanto, de acordo com as afirmações de De Palma Del Teso, é de se entender que a potestade administrativa decorre sempre da Constituição Federal, e não em virtude de um "poder ínsito natural", ou seja, de sua própria natureza. Tanto é verdade que a atividade sancionadora administrativa é limitada pela própria lei, inexistindo, assim, a possibilidade de serem impostas sanções, pela Administração, sem previsão normativa, apenas em virtude do suposto

Assim posto, em sendo possível e legítimo o exercício da atividade sancionadora por parte da Administração, cabe a análise dos princípios aplicáveis ao Direito Administrativo Sancionador, com especial ênfase ao da não autoincriminação, e se detém esse ramo do Direito autonomia frente ao Direito Penal. É o que se verá no próximo capítulo.

---

atendimento ao *bem comum* ou à *ordem pública* (DE PALMA DEL TESO, Ángeles, *op. cit.*, p. 38).

## 3. Dos princípios que orientam o Direito Administrativo Sancionador

Analisado o surgimento do Direito Administrativo, e seu consequente enfoque punitivo, bem como a constatação de que, no Brasil, a CF outorgou, de forma expressa, o *jus puniendi* ao Estado-Administração, resta, nesse tópico, arrolar os princípios que orientam esse ramo do Direito, a fim de individualizar as suas características e peculiaridades.

Conforme já fora referido, o desinteresse doutrinário a respeito do tema, no Brasil, tem proporcionado uma análise bastante singela a respeito das particularidades das sanções administrativas. Assim sendo, inexiste outra solução senão o exame de tais princípios a partir de entendimentos manifestados no Direito comparado e, principalmente, dos dispositivos constitucionais que versam sobre a matéria.[74]

Antes, porém, deve-se analisar o contraste existente entre a atividade sancionadora administrativa e a judicial (por meio do Direito Penal). É que, no âmbito do Direito comparado, os princípios ora são idênticos e ora são tidos como distintos, questão essa que será vislumbrada no tópico seguinte.

---

[74] OSÓRIO, Fábio Medina, *Direito administrativo sancionador*, p. 150.

## 3.1. Da unificação principiológica das atividades estatais sancionadoras

Objetivando analisar os princípios que observam a atividade sancionadora do Estado-Administração, é necessário que, primeiramente, se determine se o Direito Penal e o Direito Administrativo Sancionador aproveitam – ou não – as mesmas regras. Nesse aspecto, existem três correntes bem definidas, quais sejam, uma total autonomia, uma submissão por completa e uma autonomia relativa.[75]

A primeira posição – aquela que vislumbra uma total autonomia do Direito Administrativo Sancionador frente ao Direito Penal – é a menos utilizada: *"não se discute 'se' os princípios do Direito Penal se aplicam ao Direito Administrativo Sancionador,* posto que assim se aceita com prática unanimidade".[76]

---

[75] "Não obstante, esta não é uma postura totalmente unitária em nossa jurisprudência, e assim existem sentenças que justificam desde a autonomia do Direito sancionador administrativo, e, portanto, de seu regime jurídico, o pleno submetimento deste ao Direito Penal e os princípios que o disciplinam, passando por uma situação intermediária que fala de afinidade e paralelismo entre ambos" (LEÓN VILLALBA, Francisco Javier de. *Acumulación de sanciones penales y administrativas – sentido y alcance del principio "ne bis in idem"*. Barcelona: Bosch, 1998, p. 180).
[76] NIETO GARCÍA, Alejandro, *op. cit.*, p. 167. Acaso tal autonomia fosse possível, um dos efeitos seria a desnecessidade da descrição da conduta sancionada, com base na compreensão da qual "onde há um mandado imperativo deve haver uma correlata e implícita sanção" (DE PALMA DEL TESO, Ángeles, *op. cit.*, p. 36); em idêntico sentido: "Afirmar que a potestade sancionadora da Administração é originária equivale a outorgar ao poder executivo capacidade, não só de impor sanções, como, sobretudo, de determinar quando, como e a quem se impõe. Deve-se ter em conta que uma sanção supõe a privação de algum direito e que é consequência da verificação de um fato injusto; é a consequência jurídica de um fato contrário ao Direito que aparece como seu pressuposto. Por conseguinte, não é possível falar de sanção se não determinarmos previamente que seu destinatário tenha infringido o Ordenamento. E, por sua vez, tal afirmação há de ser, em um Estado de Direito, resultado de um procedimento que, com as devidas garantias, o estabeleça"

A segunda corrente sustenta que o Direito Administrativo Sancionador é totalmente submisso ao Direito Penal. Tal e qual a doutrina anterior, esse entendimento também não prevalece. Afirmar que a atividade sancionadora administrativa em nada se encontra vinculada ao Direito Administrativo significa, em outras palavras, desconhecer a autonomia da Administração frente ao Poder Judiciário.[77]

Já o terceiro entendimento sustenta que o Direito Penal e o Direito Administrativo Sancionador apresentam uma similitude no tocante à identidade substantiva entre ambos os ilícitos, e, por isso, os princípios orientadores do Direito Penal, segundo Bacigalupo, ao comentar a orientação jurisprudencial espanhola, seriam aplicáveis ao Direito Administrativo Sancionador:

> Esta tese foi sustentada pela vez primeira pelo Tribunal Constitucional na STC 18/81, na qual se afirma que "os princípios inspiradores da ordem penal são de aplicação, com certos matizes, ao direito administrativo sancionador, dado que ambos são manifestações do ordenamento punitivo do Estado, tal e como reflete a própria Constituição (art. 25, princípio da legalidade) e uma bastante reiterada jurisprudência de nosso Tribunal Supremo" (...) Por sua vez o *Tribunal Supremo* tem sustentado reiteradamente que "a potestade sancionadora da administração dentro da função de polícia no sentido clássico da palavra, oferece um entorno intrinsecamente penal, obtendo em cada caso as consequências de tal premissa de acordo com as diversas manifestações substantivas ou formais, desde a tipificação à irretroatividade, desde o princípio

---

(CARBONELL *apud* LEÓN VILLALBA, Francisco Javier de, *op. cit.*, p. 182, nota n° 50).

[77] "Até agora, a potestade administrativa sancionadora vinha sendo considerada como uma excrescência espúria da atividade penal, a qual constituía uma exceção ilegítima, a qual, além do mais, se tolerava com grande repugnância. Hoje, ao contrário, e mediante este entroncamento direto com o poder punitivo comum do Estado, a potestade administrativa sancionadora se legitima diretamente e com iguais títulos que a potestade penal" (NIETO GARCÍA, Alejandro, *op. cit.*, p. 165).

da legalidade à prescrição e desde a audiência do interessado à *reformatio in pejus*".[78]

Nesse enfoque, é de salientar que não existe uma suposta *hierarquia* entre esses dois ramos do Direito: "Poderá haver, todavia, se se quer, discussões sobre a primogenitura, mas é indiscutível que ambos Direitos se encontram substancialmente em pé de igualdade".[79] Isso porque as constituições modernas delegam aos Estados um poder punitivo, e esse se dá de duas formas: Direito Penal e Direito Administrativo Sancionador. São, portanto, âmbitos distintos de atuação, embora inexista qualquer relação hierárquica entre eles.[80]

Essa suposta autonomia do Direito Administrativo Sancionador frente ao Direito Penal tem suscitado várias tratativas no sentido de não descaracterizar o aspecto administrativista daquele. Surge, assim, o entendimento no qual o Direito Administrativo Sancionador pode se relacionar com o Direito Penal, mas apenas no tocante à utilização de seus *princípios*, e não de suas *normas*,[81] embora a própria doutrina refira não ser pacífico tal entendimento.[82] De igual forma, Osório admite a adoção do privilégio determinado

---

[78] BACIGALUPO, Enrique, *Sanciones administrativas...*, p. 21-22.
[79] NIETO GARCÍA, Alejandro, *op. cit.*, p. 165.
[80] DE PALMA DEL TESO, Ángeles, *op. cit.*, p. 38.
[81] "Isto quer dizer que *não se trata de aplicar ao Direito Administrativo Sancionador os artigos do Código Penal e das leis penais especiais* – e, ao dizer isso, não ignoro que assim se está fazendo em alguns casos, como se poderá comprovar, dentre outros, no capítulo da prescrição –: por analogia (*in peius*) não se poderá fazer, já que é radicalmente incompatível com o princípio da legalidade, nem existe tão pouco um preceito que autorize sua aplicação com caráter supletivo. Em conclusão, portanto, as normas do Direito Penal unicamente poderão ser aplicadas ao Direito Administrativo Sancionador nos seguintes casos, verdadeiramente excepcionais: *a)* analogia não *in peius*; *b)* declaração expressa de supletoriedade, e *c)* remissão expressa da norma administrativa" (NIETO GARCÍA, Alejandro, *op. cit.*, p. 165).
[82] "Mas, se a existência do delito permanente é indubitável em nosso Direito Penal e se utiliza com absoluta naturalidade na doutrina e na

pelo art. 71 do CP (crime continuado),[83] pelo Direito Administrativo Sancionador, embora a maioria das legislações brasileiras que versem sobre a matéria não contemplem o benefício.[84]

De fato, não existe uma posição unânime na doutrina a respeito dessa suposta autonomia conferida ao Direito Administrativo Sancionador frente ao Direito Penal, até porque se trataria de uma autonomia *sui generis*, relativa, que não o desvincula totalmente deste.[85] A dúvida existente nessa falsa "autonomia" tem dado margem aos seguintes questionamentos: em não existindo qualquer relação de hierarquia, por que o Direito Administrativo Sancionador tem que se submeter aos princípios do Direito Penal? Se o enfoque conferido é aquele no qual o Estado é detentor de um *jus puniendi* único, por que essa supremacia do Direito Penal? A resposta tem se apresentado da seguinte maneira:

> Portanto, é necessário transpor ao Direito punitivo do Estado os princípios que, ainda que tenham seu assento no Direito Penal, eis que inspirados por este, são aplicáveis a todo o Ordenamento jurídico punitivo, para, uma vez situados neste nível superior, descendê-los até o Direito Sancionador Administrativo. Por outra parte, que não exista

---

jurisprudência, não há nenhuma razão para ignorá-lo no Direito Administrativo Sancionador" (NIETO GARCÍA, Alejandro, *op. cit.*, p. 453).

[83] "Por fim, o instituto do crime continuado, previsto no art. 71 do Código Penal, que estabelece tratamento punitivo mais benéfico na hipótese de haver várias ações (e, por conseguinte, vários tipos), praticadas nas mesmas condições de tempo, lugar, modo de execução e outras assemelhadas." (FAYET JÚNIOR, Ney. *Do crime continuado*. Porto Alegre: Livraria do Advogado, 2001, p. 53).

[84] "No enfrentamento do silêncio da Lei 8.429/92 e de outras legislações de Direito Administrativo Sancionador, penso que o direito brasileiro pode e deve socorrer-se do critério de exacerbação da pena mais grave, até porque, no caso, não se pode olvidar a idéia (*sic*) de que a alternativa a essa opção seria a aplicação, pura e simples, do concurso material, que é, logicamente, desfavorável ao réu ou aos acusados em geral" (OSÓRIO, Fábio Medina, *Direito administrativo sancionador*, p. 309).

[85] NAVARRO CARDOSO, Fernando, *op. cit.*, p. 28-29.

relação de hierarquia ou subordinação entre ambos não significa que não seja preciso acudir ao Direito Penal, pois o grande desenvolvimento dogmático deste e a ausência da elaboração de uma "parte geral" no Direito Sancionador Administrativo, tornam obrigatório esse recurso para aquele que busca os instrumentos necessários para fazer efetivo o reconhecimento das garantias individuais de aplicação geral no âmbito punitivo.[86]

Visto assim que a atividade administrativa sancionadora se ocupa dos princípios do Direito Penal naquilo que não lhe for contraditório, passa-se à questão seguinte, que será o estudo de alguns dos princípios que norteiam o Direito Administrativo Sancionador.

### 3.2. Princípio da legalidade

Verificado, de acordo com Navarro Cardoso,[87] que o Direito Administrativo Sancionador utiliza os princípios do Direito Penal naquilo que não lhe retire a autonomia, cabe, nos próximos tópicos, analisar os princípios que lhe são próprios no campo do Direito.

O primeiro é o denominado *princípio da legalidade*, que, no dizer de Mello, pressupõe a vinculação entre a atividade administrativa com os ditames determinados em lei.[88] Com efeito, a Administração Pública está expressamente limitada na sua atuação em virtude de ela só poder praticar os atos que estejam previstos na lei.[89]

---

[86] DE PALMA DEL TESO, Ángeles, *op. cit.*, p. 39.

[87] NAVARRO CARDOSO, Fernando, *op. cit.*, p. 23.

[88] "Assim, o princípio da legalidade é o da completa submissão da Administração às leis. Esta deve tão-somente (*sic*) obedecê-las, cumpri-las, pô-las em prática. Daí que toda a atividade de todos os seus agentes, desde o que lhe ocupa a cúspide, isto é, o Presidente da República, até o mais modesto dos servidores, só pode ser a de dóceis, reverentes, obsequiosos cumpridores das disposições gerais fixadas pelo Poder Legislativo, pois esta é a posição que lhes compete no direito brasileiro" (MELLO, Celso Antônio Bandeira de, *op. cit.*, p. 48).

[89] MELLO, Celso Antônio Bandeira de, *op. cit.*, p. 47.

O princípio da legalidade é considerado como o princípio basilar do Direito Administrativo dos Estados modernos,[90] até porque o seu reconhecimento e sua consequente adoção, como assinala Rivero,[91] é uma das principais características do Estado de Direito, visto que determina a vinculação do Estado para com as regras de Direito, em comparação com a estrutura estatal medieval, onde prevalecia a vontade do governante, um *Estado de Polícia*, portanto.

Cabendo à lei, assim, nortear a atividade administrativa, pode-se referir que o Direito Administrativo Sancionador também deverá ser regulado pelo princípio da legalidade. Para esse ramo do Direito, referido princípio visa à segurança jurídica tanto do administrado (ao conhecer, de antemão, quais são as condutas ilícitas e as sanções que lhe poderão ser aplicadas) como da Administração (ao estabelecer quais os fatos passíveis de punição e quais as sanções a serem imputadas respectivamente).[92]

Ao contrário da legislação brasileira, a Espanha possui, em seu texto constitucional, dispositivo expresso determinando a necessidade de lei para permitir que o Estado-Administração possa estabelecer condutas passíveis de serem sancionadas.[93]

---

[90] MELLO, Celso Antônio Bandeira de, *op. cit.*, p. 47.

[91] RIVERO, Jean, *op. cit.*, p. 18-19.

[92] "Tanto uma como a outra guardam uma estreita relação com o conceito de segurança jurídica, finalidade essencial do princípio da legalidade, que supõe a garantia de que o sujeito conhece os limites de seu comportamento, o que possibilita uma atuação consciente e conforme ao Direito, e impõe a obrigação ao Estado de determinar clara e taxativamente quais comportamentos se consideram antijurídicos e qual será sua resposta ante eles" (LEÓN VILLALBA, Francisco Javier de, *op. cit.*, p. 190).

[93] "Ninguém pode ser condenado ou sancionado por ações ou omissões que, no momento de se produzir, não constituam delito, falta ou infração administrativa, segundo a legislação vigente naquele momento" (CE, art. 25.1).

No Brasil inexiste um dispositivo concludente, embora o art. 37 da CF, determine que *toda* a atividade administrativa – seja sancionadora ou não[94] – deve atender ao referido princípio, além de o art. 5º, II, também da CF, conferir uma "genérica garantia de legalidade à pessoa humana".[95]

Duas peculiaridades, porém, podem ser verificadas quando da aplicação no Direito Administrativo do princípio da legalidade.

A primeira é que o termo *lei* deve ser visto em seu sentido amplo;[96] a segunda é que a vinculação do Administrador à lei, em alguns casos, é abrandada. Tal peculiaridade se dá naquelas hipóteses em que a própria norma deixa a cargo daquele o momento da prática do ato, a sua forma, o seu motivo, a sua finalidade e o seu conteúdo.[97] São os denominados *atos discricionários* que, de acordo com Di Pietro, caracterizam-se pelo fato de a lei conferir ao Estado-Administração uma mais ampla liberdade para agir.[98]

---

[94] Embora não fazendo referência ao Brasil, "(...) o Tribunal Constitucional tem estendido as exigências do princípio da legalidade a todos os atos administrativos." (BACIGALUPO, Enrique, *Sanciones administrativas...*, p. 31).

[95] OSÓRIO, Fábio Medina, *Direito administrativo sancionador*, p. 203.

[96] "Assim, sob a designação genérica de *lei* compreendem-se não só as leis em sentido formal (leis constitucionais e ordinárias, decretos-leis e diplomas legislativos ultramarinos) como os regulamentos, qualquer que seja a forma que revistam – decreto, portaria, despacho normativo, deliberação de órgão colegial" (CAETANO, Marcello. *Manual de direito administrativo*. V. 1. Coimbra: Almedina, 1991, p. 83).

[97] MELLO, Celso Antônio Bandeira de, *op. cit.*, p. 205.

[98] "Sob o ponto de vista *prático*, a discricionariedade justifica-se, quer para **evitar o** *automatismo* que ocorreria fatalmente se os agentes administrativos não tivessem senão que aplicar rigorosamente as normas preestabelecidas, quer para suprir a impossibilidade em que se encontra o legislador de prever todas as situações possíveis que o administrador terá que enfrentar, isto sem falar que a discricionariedade é indispensável para permitir o poder de iniciativa da Administração, necessário para atender às infinitas, complexas e sempre crescentes necessidades

No tocante ao Direito Administrativo Sancionador, essas duas peculiaridades (quais sejam, que a expressão *lei* abrange todo e qualquer ato normativo, bem como a possibilidade de a Administração beneficiar-se do poder discricionário), aliadas à já referida autonomia daquele para com o Direito Penal, permitem ponderar que o princípio da legalidade não deve ser entendido como necessariamente idêntico àquele utilizado pelo Direito Penal.[99]

De fato, alguns aspectos merecem destaque.

Uma das distinções existentes é a que diz respeito à competência daquele que pode legislar a respeito da matéria: a lei penal será sempre federal (CF, art. 22, inc. I), enquanto a União, Estados e Municípios podem, por meio de leis, criar tipos administrativos e estabelecer sanções.[100]

Outro aspecto é a possibilidade de a Administração Pública fazer uso de regulamentos ou decretos para a determinação de condutas proibidas. Tal prerrogativa decorre da rapidez com que são alterados os interesses a serem protegidos pela Administração Pública (leia-se: pelo Direito Administrativo).[101] Assim sendo, entende-se que a ne-

---

coletivas. A dinâmica do interesse público exige flexibilidade de atuação, com a qual pode revelar-se incompatível o moroso procedimento de elaboração das leis" (DI PIETRO, Maria Sylvia Zanella, *op. cit.*, p. 23). Saliente-se que a prática de ato discricionário não viola o princípio da reserva legal. Isto porque é a própria lei quem confere tal prerrogativa ao Administrador, inexistindo qualquer confronto a ela. Não se confunde, pois, ato discricionário com ato arbitrário: o primeiro é um ato conforme à lei; o segundo, contrário a ela (MELLO, Celso Antônio Bandeira de, *op. cit.*, p. 205).

[99] BLASCO PELLICER, Angel, *op. cit.*, p. 22.

[100] OSÓRIO, Fábio Medina, *Direito administrativo sancionador*, p. 204-205.

[101] A respeito da velocidade com que os interesses são alterados: "O mundo moderno apresenta como característica principal a velocidade com que ocorrem as mudanças. É inegável a contribuição dos ideais capitalistas na dinamização de nossas vidas, atributo este presente desde a Revolução Industrial. Devido a essa peculiaridade, podemos concluir que os nossos ideais são alterados diariamente. Um bem da

cessidade de uma lei, em seu aspecto formal, objetivando determinar as condutas passíveis de punição e suas sanções, inviabilizaria a proteção desses mesmos interesses.[102]

Tal entendimento, *a priori*, vai de encontro ao princípio da legalidade. Esse embate, qual seja, a necessidade ou não de *lei*, em seu aspecto formal, para a criação de tipos administrativos e respectivas sanções, é crucial: "Trata-se, é óbvio dizer, de resolver uma questão de importância capital dado que é a existência ou não da própria reserva de lei a que se submete".[103] A jurisprudência espanhola, manifestada pelas decisões oriundas tanto do TC como do TS, tem interpretado o princípio da legalidade, previsto no art. 25.1, da CE, como um verdadeiro Direito subjetivo do cidadão:

> O direito fundamental assim enunciado incorpora a regra *nullum crimen nulla poena sine lege*, estendendo-a também ao ordenamento sancionador administrativo, e compreende uma dupla garantia. A primeira, de ordem material e alcance absoluto, tanto no que se refere ao âmbito estritamente penal como no das sanções administrativas, reflete a especial transcendência do princípio da legalidade em ditos âmbitos limitativos da liberdade individual e traduz-se na imperiosa exigência de

---

vida, um objetivo, uma ambição futura, que era tido como relevante ou almejado há vinte anos atrás, hoje poderá desmerecer qualquer atenção. Neste sentido, com a flexibilização do que seja relevante ou não, é inegável concluir que o próprio Direito também deve apresentar essa aptidão de ser variável." [KREBS, Pedro. A Responsabilização Penal da Pessoa Jurídica e a Suposta Violação do Direito Penal Mínimo. *Revista Ibero-Americana de Ciências Penais* (Coords.: CALLEGARI, André Luís; GIACOMOLLI, Nereu José; KREBS, Pedro). N° 0. Porto Alegre: CEIP – Centro de Estudos Ibero-Americano de Ciências Penais, Maio/Ago. 2000, p. 11].

[102] "Todas essas circunstâncias tornam difícil ser catalogado por lei, e mais difícil todavia a tipificação, tendo em conta as variações da matriz, que se altera incessantemente. Uma lei autenticamente tipificadora seria interminável e, ademais, haveria de ser alterada sem cessar. Não há mais remédio, portanto, que acudir à utilização dos regulamentos, mais capazes de se adaptar rapidamente às mudanças" (NIETO GARCÍA, Alejandro, *op. cit.*, p. 201).

[103] BLASCO PELLICER, Angel, *op. cit.*, p. 20.

predeterminação normativa das condutas ilícitas e das sanções correspondentes. A segunda, de caráter formal, refere-se ao nível necessário das normas tipificadoras daquelas condutas e reguladoras dessas sanções, porquanto, como esse Tribunal há assinalado reiteradamente, o termo legislação vigente contido em dito artigo 25.1 é expressivo de uma reserva de lei em matéria sancionadora.[104]

Entretanto, como já referido, em virtude de o Direito Administrativo Sancionador possuir características próprias, os princípios orientadores do Direito Penal são utilizados com uma certa dose de reserva, permitindo, assim, o reconhecimento de uma certa *flexibilização* no tocante ao alcance e às exigências do princípio da legalidade, afastando com isso o rigorismo da técnica penal.[105]

Visando a solucionar o impasse, traduzido pelo conflito *necessidade de lei* e *necessidade de sua flexibilização*, passou-se, assim, a permitir a criação de *tipos administrativos em branco*, mecanismo esse que é utilizado pelo legislador onde o mesmo descreve a conduta ilícita mas delega a um outro órgão a possibilidade de complementá-la.[106]

---

[104] Acórdão do TC nº 42/87, de 07 de abril, referido por BLASCO PELLICER, Angel, *op. cit.*, p. 21-22.

[105] BLASCO PELLICER, Angel, *op. cit.*, p. 22.

[106] Nesse sentido, Osório refere as vantagens na adoção dessa postura legislativa, qual seja, a criação de tipos em branco: "Com efeito, os tipos do Direito Administrativo Sancionador são, em regra, mais elásticos que os tipos penais, dada a utilização da dinâmica própria do terreno administrativo. As leis administrativas mudam com grande rapidez, tendem a proteger bens jurídicos mais expostos à velocidade dos acontecimentos e transformações sociais, econômicas, culturais, de modo que o Direito Administrativo Sancionador acompanha essa realidade e é, por natureza, mais dinâmico do que o direito penal, cuja estabilidade normativa já resulta da própria estrita competência da União Federal. (...) Os regulamentos, os atos administrativos costumam integrar o núcleo dessas proibições" (OSÓRIO, Fábio Medina, *Direito administrativo sancionador*, p. 205-206); no mesmo sentido, definindo *norma em branco*: "As *normas em branco* dão-se quando a lei sancionadora descreve de forma incompleta os comportamentos infracionais ou quando não pontualiza a sanção pertinente, senão que simplesmente as prevê, geralmente, em uma escala ascendente, segundo a gravidade do ilícito, para remeter

A par da definição de normas em branco, podem-se vislumbrar inúmeras hipóteses em que o legislador faz uso desse mecanismo. É o caso, por exemplo, do art. 8º, inc. I, alínea i,[107] e art. 9º, inc. III,[108] ambos da Lei Estadual (RS) nº 6537/73. Neste caso, denota-se a existência de uma *lei*, formalmente perfeita, que contém a determinação, além do conceito de *infração qualificada*, das ações que caracterizam tal infração (art. 8º, inc. I). Entretanto, a alínea *i* prevê uma conduta que remete a um outro ato normativo, qual seja o Decreto Estadual (RS) nº 37.699/97, em seu Livro I, onde, nos arts. 37, § 5º,[109] 58,[110] e 59,[111] sendo que esses dois últimos dispositivos combinados com seus respectivos incs. I e II, são determinados *quais os casos passíveis de transferência de crédito de ICMS*.

---

a operação graduativa ao Regulamento" (OSSA ARBELÁEZ, Jaime, *op. cit.*, p. 272).

[107] "Art. 8º. Consideram-se, ainda: I – qualificadas, as seguintes infrações tributárias: (...) i) transferir crédito de ICM quando tal transferência não estiver expressamente prevista na legislação tributária".

[108] "Art. 9º. Às infrações tributárias materiais serão cominadas as seguintes multas: (...) III – de 120% do valor do tributo devido, se qualificadas."

[109] "Art. 37. O montante devido resultará da diferença a maior (saldo devedor), em cada período de apuração fixado no artigo seguinte, entre as operações relativas à circulação de mercadorias ou às prestações de serviços, escrituradas a débito fiscal e a crédito fiscal. (...) § 5º. Os créditos fiscais excedentes, verificados no termo final do período de apuração, podem ser transferidos, nesta data, a outro estabelecimento do mesmo contribuinte localizado neste Estado."

[110] "Art. 58. Os saldos credores acumulados a partir de 16 de setembro de 1996 por estabelecimentos que realizem operações ou prestações destinadas ao exterior, ou a elas equiparadas, nos termos do art. 11, parágrafo único, podem ser, na proporção que estas saídas representem do total das saídas realizadas pelo estabelecimento: I – transferidos pelo sujeito passivo (...) II – havendo saldo remanescente, transferidos a outros contribuintes deste Estado"

[111] "Art. 59. Os saldos credores acumulados, a partir de 1º de novembro de 1996, não referidos no artigo anterior e apurados nos termos deste regulamento, podem ser transferidos: I – pelo sujeito passivo (...) II – a outros contribuintes deste Estado"

Em suma, denota-se a possibilidade de a lei, ao descrever o fato delituoso, remeter a um ou mais atos normativos, tudo com o objetivo de evitar o engessamento da atividade administrativa, eis que a edição de dispositivos oriundos do legislativo, a fim de caracterizar as hipóteses de transferência de créditos, seria inviável.

A flexibilização do princípio da reserva legal, além da utilização de complementos administrativos, dá-se também através de "conceitos altamente indeterminados, cláusulas gerais, que outorgam amplos espaços à autoridade julgadora, seja ela administrativa ou judicial".[112] Blasco Pellicer, ao relacionar as hipóteses em que o princípio da legalidade poderá ser flexibilizado, sustenta que: a) é necessária uma *lei* para fixar os elementos essenciais da conduta e da sanção, embora possa esse dispositivo legal remeter a um ato administrativo a complementação de seu conteúdo; b) não pode a lei que descreve a conduta proibida remeter a um ato administrativo inexistente; c) não pode o regulamento complementar fatos que não estejam descritos em lei.[113] Bacigalupo, ao comentar as decisões das cortes espanholas, faz referência aos seguintes critérios que permitem a flexibilização do princípio da legalidade: a) *as "relações especiais de sujeição" como fundamento da limitação de direitos fundamentais*, que constituem uma teoria do Direito público, do final do século XIX, cuja característica principal é a determinação da invalidade do princípio da reserva legal e

---

[112] OSÓRIO, Fábio Medina, *Direito administrativo sancionador*, p. 205. Blasco Pellicer afirma ser impossível "a formulação aberta dos ilícitos mediante cláusulas gerais ou indeterminadas de infração posto que 'permitiriam ao órgão sancionador atuar com um excessivo arbítrio e não com o prudente e razoável que permitiria uma adequada especificação normativa'." (BLASCO PELLICER, Angel, *op. cit.*, p. 29).

[113] BLASCO PELLICER, Angel, *op. cit.*, p. 24-25. Nesse sentido, comentando a possibilidade de os regulamentos complementarem os tipos legais de condutas: "De outro lado, *a lei está constitucionalmente investida para fazer remissões aos Regulamentos, mas não para que estes criem o tipo jurídico.*" (OSSA ARBELÁEZ, Jaime, *op. cit.*, p. 264).

dos direitos fundamentais sempre que a relação administrativa se der entre o Estado e um administrado que se encontra em uma especial relação de submissão. É o caso dos estabelecimentos penitenciários e das escolas;[114] b) *cláusulas gerais*, onde se entende que basta a existência de uma lei, embora possa a mesma ser *geral*, no tocante à descrição da conduta proibida.[115]

No Direito brasileiro, tem-se a hipótese, por exemplo, do art. 70 da Lei nº 9.605/98 (Lei dos Crimes Ambientais), que dispõe sobre as condutas lesivas ao meio ambiente.[116] De igual forma, é possível vislumbrar-se essa utilização de tipos gerais e abstratos na matéria de Direito disciplinar. É o caso, por exemplo, da conduta caracterizada como proibida ao servidor descrita no art. 178, inc. XXV, da Lei Complementar Estadual (RS) nº 10.098/94,[117] bem como a Lei

---

[114] Bacigalupo transcreve decisão do Tribunal Constitucional alemão a respeito dos limites a serem conferidos à teoria das *relações especiais de sujeição*: "'a Lei fundamental – disse – constitui uma ordem vinculada a valores, que reconhece a proteção da liberdade e da dignidade humana como o mais alto de todo Direito; sua imagem do homem não é a do indivíduo com autodomínio, mas a de uma personalidade que está na comunidade e a ela vinculada por diversos deveres.' Disso se deduz que a limitação dos direitos fundamentais dentro de um estabelecimento penitenciário só entrará em consideração quando 'seja imprescindível para alcançar um dos fins cobertos pela ordem valorativa da Constituição e relativos à comunidade e na forma constitucionalmente prevista para isso'." (BACIGALUPO, Enrique, *Sanciones administrativas...*, p. 28).

[115] Bacigalupo refere que o Tribunal Constitucional espanhol proferiu decisão onde o mesmo entendia como válido o artigo 391.2, do, hoje derrogado, Código de Justiça Militar, onde se sancionava sem mais "o não cumprimento de deveres militares", dispositivo esse que, "ainda com a maior dose de boa vontade possível, não era mais que uma cláusula geral carente da menor determinação." (BACIGALUPO, Enrique, *Sanciones administrativas...*, p. 29)

[116] "Art. 70. Considera-se infração administrativa ambiental toda ação ou omissão que viole as regras jurídicas de uso, gozo, promoção, proteção e recuperação do meio ambiente."

[117] "Art. 178. É proibido ao servidor: (...) XXV – exercer quaisquer atividades que sejam incompatíveis com o exercício do cargo ou função e com o horário de trabalho"

Estadual (RS) nº 7.366/80, em seu art. 81, inc. XLIII,[118] onde há evidências da utilização desses tipos legais genéricos.[119]

Nota-se, pois, que o legislador descreveu a conduta sem determinar, com precisão, quais as ações especificamente que violam as "regras jurídicas de uso, gozo, promoção, proteção e recuperação do meio ambiente" ou que sejam "incompatíveis para o exercício da função". Assim o sendo, está o administrado vinculado a um tipo legal extremamente aberto, no sentido desse não determinar, com a devida clareza, quais as condutas que o mesmo deve evitar; c) *ausência de "cláusula de remissão inversa"*: ao contrário do que sustenta o Tribunal Constitucional alemão, a jurisprudência espanhola tem permitido que o regulamento ou ato administrativo que complementa o tipo legal administrativo *não precise fazer referência à norma a qual ele está vinculado.*[120]

É o caso, antes referido, a respeito do Regulamento do ICMS, no Estado do Rio Grande do Sul. É que o art. 8º, inc. I, alínea *i*, combinado como o art. 9º, inc. III, ambos da Lei Estadual nº 6.537/73, determina a necessidade de o contribuinte pagar uma multa de 120% do valor do tributo

---

[118] "Art. 81. Constituem transgressões disciplinares: (...) XLIII – praticar ato degradante ou ser convencido de incontinência pública e escandalosa"

[119] Blasco Pellicer transcreve acórdão do Tribunal Constitucional espanhol onde é reconhecida a irregularidade das cláusulas gerais e indeterminadas no tocante ao Direito disciplinar: "STC 61/90, de 29 de março. A doutrina constitucional e a jurisprudência são constantes na hora de negar a possibilidade de sancionar com base em tipos legais genéricos como 'Descumprimento de deveres ou obrigações do funcionário' ou 'descumprimento totais ou parciais das obrigações ou proibições estabelecidas'." (BLASCO PELLICER, Angel, *op. cit*, p. 29).

[120] "A necessidade de exigir do legislador na Espanha a inclusão nos preceitos complementadores uma cláusula de remissão inversa deve ser deduzida da vinculação do princípio da legalidade com o da segurança jurídica (...) para garantir que o cidadão possa programar seu comportamento sem temor a ingerências imprevisíveis do ordenamento sancionador do Estado" (BACIGALUPO, Enrique, *Sanciones administrativas...*, p. 31).

devido na hipótese de haver uma transferência de crédito de ICMS quando tal cessão não estiver expressamente prevista na legislação tributária. Entretanto, as hipóteses que ensejam a possibilidade de transferência dos referidos créditos estão descritas nos arts. 37, § 5°, 58 e 59, todos do Decreto Estadual n° 37.699/97. Uma leitura mais atenta desses últimos dispositivos confirma a *inexistência, neles, de qualquer remissão aos arts. 8°, I, i, e 9°, III*, todos da Lei Estadual n° 6.537/73. Portanto, o contribuinte desconhece que tais fatos descritos no Decreto, acaso não atendidos, possibilitam a imposição de uma sanção.

Além dessa delegação conferida à Administração, qual seja, a de complementar as condutas através de atos administrativos, cabe destacar que, *a priori*, também lhe é possível conceder o poder de determinar as sanções, postura essa que tem recebido uma certa reserva:

> Dessa maneira é que se requer que a norma jurídica concretize as condutas puníveis e não confiá-las, de maneira alguma, ao critério do Regulamento. Por isso, são práticas viciadas, de origem legislativa, a expedição de normas sancionadoras que se abstenham de graduar as sanções ou as que, simplesmente, as enunciam para deixar à autoridade governante o juízo de dosimetria sem fixar os parâmetros de graduação. Também resultam censuráveis as generalidades legais como as remissivas de *que se apliquem as sanções correspondentes*, sem explicar qual das previstas evidencia ser a pertinente.[121]

Nesse mesmo sentido, refere Mir Puig ao não concordar, embora em relação ao Direito Penal, na delegação a órgãos administrativos o estabelecimento de sanções:

> (...) confiar a determinação da pena a uma disposição administrativa, de nível inferior ao requerido para as normas penais, não constitui um procedimento atento às garantias constitucionais. Deve entender-se que só o Parlamento pode decidir algo tão delicado como a precisa determinação de uma pena.[122]

---

[121] OSSA ARBELÁEZ, Jaime, *op. cit.*, p. 265.
[122] MIR PUIG, Santiago. *Derecho penal – parte general*. Barcelona: Reppertor, 1998, p. 35.

Outra técnica utilizada pelo legislador é conferir ao Administrador uma discricionariedade quando da *aplicação* da sanção.[123] Essa é a modalidade preferível pelo legislador brasileiro, acarretando, assim, em uma carência de segurança concedida ao administrado, uma vez que as sanções, embora estejam previstas em lei, são muito amplas. É o caso, por exemplo, do art. 75 da Lei nº 9605/98.[124] Outra hipótese é aquela referida pelo art. 9º da Lei nº 9.933/99,[125] que dispõe sobre as competências do CONMETRO e do INMETRO.

Objetivando minimizar essa violação ao princípio da legalidade, o judiciário brasileiro tem se manifestado a respeito da nulidade das sanções administrativas aplicadas em virtude do desatendimento ao *princípio da razoabilidade*:

ADMINISTRATIVO – MANDADO DE SEGURANÇA – SERVIDORAS PÚBLICAS – INSS – DEMISSÃO – ILEGITIMIDADE PASSIVA *AD CAUSAM* E INADEQUAÇÃO DA VIA ELEITA – REJEIÇÃO – DOSIMETRIA DA PENA – PRINCÍPIO DA PROPORCIONALIDADE – NÃO OBSERVÂNCIA – ILEGALIDADE – CONCESSÃO. 1 – São de autoria do Exmo. Sr. Ministro de Estado da Previdência e Assistência Social os atos praticados objetos deste *writ*, quais sejam, as Portarias nºs 5.752 e 5.753, ambas de 05.05.2000, que determinaram a demissão das impetrantes

---

[123] OSSA ARBELÁEZ, Jaime, *op. cit.*, p. 274.

[124] "Art. 75. O valor da multa de que trata este Capítulo será fixado no regulamento desta Lei e corrigido monetariamente, com base nos índices estabelecidos na legislação pertinente, sendo o mínimo de R$ 50,00 (cinquenta reais) e o máximo de R$ 50.000.000,00 (cinquenta milhões de reais)."

[125] "Art. 9º. A pena de multa, imposta mediante procedimento administrativo, obedecerá os seguintes valores: I – nas infrações leves, de R$ 100,00 (cem reais) até R$ 50.000,00 (cinquenta mil reais); II – nas infrações graves, de R$ 200,00 (duzentos reais) até R$ 750.000,00 (setecentos e cinquenta mil reais); III – nas infrações gravíssimas, de R$ 400,00 (quatrocentos reais) até R$ 1.500.000,00 (um milhão e quinhentos mil reais)." Nestes casos, o agente pode praticar uma infração leve e ser submetido a uma multa superior àquele que praticar uma infração gravíssima!

do quadro de servidores do Instituto Nacional do Seguro Social – INSS. Ilegitimidade passiva *ad causam* rejeitada. 2 – Falece de juridicidade a assertiva da inadequação da via processual eleita, posto que os autos estão com provas fartamente produzidas, sendo estas pré-constituídas. Logo, desnecessária a dilação probatória. Preliminar desacolhida. 3 – No mérito, deve a autoridade competente, na aplicação da penalidade, em respeito ao princípio da proporcionalidade (devida correlação na qualidade e quantidade da sanção, com a grandeza da falta e o grau de responsabilidade do servidor), observar as normas contidas no ordenamento jurídico próprio, verificando a natureza da infração, os danos para o serviço público, as circunstâncias atenuantes ou agravantes e os antecedentes funcionais do servidor. Inteligência do art. 128, da Lei nº 8.112/90. 4 – Ademais registro que, por se tratar de demissão, pena capital aplicada a um servidor público, a afronta ao princípio supracitado constitui desvio de finalidade por parte da Administração, tornando a sanção aplicada ilegal, sujeita a revisão pelo Poder Judiciário. Deve a dosagem da pena, também, atender ao princípio da individualização inserto na Constituição Federal de 1988 (art. 5º, XLVI), traduzindo-se na adequação da punição disciplinar à falta cometida. 5 – Precedente da 3a. Seção (MS 6.663/DF). 6 – Preliminares rejeitadas e ordem concedida para determinar que sejam anulados os atos que impuseram a pena de demissão às impetrantes, com a conseqüente (*sic*) reintegração das mesmas nos cargos que ocupavam, sem prejuízo de que, em nova e regular decisão, a administração pública aplique a penalidade adequada à infração administrativa que ficar efetivamente comprovada.[126]

É que, considerando que a Administração Pública está vinculada de forma estrita ao princípio da legalidade, muitas vezes a concessão de uma discricionariedade ao Administrador não significa que o mesmo possa agir de forma *desarrazoada*.[127] É o que leciona Mello:

---

[126] MS 7005/DF, DJ de 04.02.2002, p. 272, Relator Min. Jorge Scartezzini, j. em 22.8.2001, 3ª Seção do STJ.

[127] É o que refere a jurisprudência mais recente do STJ, ao determinar, inclusive, a possibilidade de o Poder Judiciário reavaliar a prova e reformar a sanção aplicada. Nesse sentido, ver MS 10220; MS 13523, onde é alegado que o "ideal de justiça não constitui anseio exclusivo da atividade jurisdicional. Deve ser perseguido também pela Administração, principalmente quando procede a julgamento de seus servidores, no exercício do poder disciplinar"; REsp 1001673, onde consta na ementa que "No que tange ao controle jurisdicional de atos impositivos de

> Enuncia-se com este princípio que a Administração, ao atuar no exercício de discrição, terá de obedecer a critérios aceitáveis do ponto de vista racional, em sintonia com o senso normal de pessoas equilibradas e respeitosas das finalidades que presidiram a outorga da competência exercida. (...) Com efeito, o fato da lei conferir ao administrador certa liberdade (margem de discrição) significa que lhe deferiu o encargo de adotar, ante a diversidade de situações a serem enfrentadas, a providência mais adequada a cada qual delas. Não significa, como é evidente, que lhe haja outorgado o poder de agir ao sabor exclusivo de seu líbito, de seus humores, paixões pessoais, excentricidades ou critérios personalíssimos e muito menos significa que liberou a Administração para manipular a regra de direito de maneira a sacar dela efeitos não pretendidos nem assumidos pela lei aplicanda. Em outras palavras: ninguém poderia aceitar como *critério exegético de uma lei* que esta sufrague as providências *insensatas* que o Administrador queira tomar; é dizer, que avalize previamente condutas desarrazoadas, pois isto corresponderia a irrogar dislates à própria regra de direito.[128]

O Administrador, quando da prática de qualquer ato – seja discricionário ou vinculado –, deve se adequar aos ditames determinados pelo legislador, e, portanto, o mérito administrativo deve se conformar à lei, e não ao arbítrio do Administrador:

> Não se imagine que a correição judicial baseada na violação do princípio da razoabilidade invade o "mérito" do ato administrativo, isto é, o campo de "liberdade" conferido pela lei à Administração para decidir-se segundo uma estimativa da situação e critérios de conveniência e oportunidade. Tal não ocorre porque a sobredita "liberdade" é liberdade *dentro da lei*, vale dizer, segundo as possibilidades nela comportadas. Uma providência desarrazoada, consoante dito, não pode ser havida

---

sanção a servidor público, a jurisprudência do Superior Tribunal de Justiça evoluiu no sentido de que, diante dos princípios que vinculam o regime jurídico disciplinar, não há falar em discricionariedade da Administração, devendo o controle exercido pelo Poder Judiciário incidir sobre todos os aspectos do ato. Precedente. MS 12.988/DF, Rel. Min. FELIX FISCHER, DJ 12/2/08"; AgRg no Ag 1049605, onde é aludido que "não há discricionariedade no ato administrativo que impõe sanção disciplinar a servidor público, pelo que o controle jurisdicional de tal ato é amplo".

[128] MELLO, Celso Antônio Bandeira de, *op. cit.*, p. 54.

como comportada pela lei. Logo, é ilegal; é desbordante dos limites nela admitidos.[129]

O fato, entretanto, de ser respeitado o ditame da lei não permite concluir que a segurança jurídica que todos anseiam resta necessariamente presente. Para tanto, a norma legal sancionadora deve apresentar algumas características, sendo que uma destas é a da clareza da redação da conduta delituosa e da sanção. Esse é o objeto do *princípio da tipicidade*, princípio esse que será analisado no próximo tópico.

### 3.3. Princípio da tipicidade

Visto que a atividade administrativa como um todo – e o Direito Administrativo Sancionador não foge à regra – deve atender ao princípio da legalidade, resta, nesse item, analisar-se como essa lei deverá ser apresentada formalmente.

O princípio da legalidade, como visto, implica a necessidade de as condutas caracterizadas como ilícitos administrativos, bem como as sanções aplicáveis, estejam descritas em *lei* (*nullum crimen nulla poena sine lege*) e que essa lei seja anterior à prática do fato (*nullum crimen nulla poena sine lex previa*); já a tipicidade, que surge como uma vertente do princípio da legalidade,[130] exige seja a lei redigida de forma precisa, com a necessária inclusão de todos os elementos de definição do tipo, ou seja, que da redação do texto legal

---

[129] MELLO, Celso Antônio Bandeira de, *op. cit.*, p. 54.

[130] Contra: "Tanto a tipicidade como a legalidade identificam, como se adivinha, conceitos únicos mas não exatamente iguais, apesar de que um setor da doutrina considere que o primeiro é corolário do segundo. O certo é que se trata de uma questão de fundo de significado jurídico que requer sua precisão, e não de assunto privativo dos semanticistas. A *legalidade* observa-se quando a infração e a sanção estão previstas, enquanto que a *tipicidade* se complementa através da definição da conduta que a lei considera constitutiva da infração e da sanção. A tipicidade colabora, de certa forma, a tornar realidade a *lex certa* definida na *lex previa*." (OSSA ARBELÁEZ, Jaime, *op. cit.*, p. 263).

se possa depreender com precisão o que deve e o que não deve ser feito e qual a penalidade cominada.[131]

A vinculação entre os princípios da legalidade e da tipicidade é manifesta, ao ponto de ser possível, quando do estudo desta, fazer referência aos tipos administrativos em branco e a consequente possibilidade de os mesmos serem complementados por atos administrativos (regulamentos), questão esta já vista em item anterior.

O mandato da tipicidade – que é uma fórmula técnica que acumula as condições de previsão e certeza da norma – é um expoente do Estado de Direito,[132] fornecendo ao cidadão as condições necessárias para que o mesmo saiba qual conduta constitui uma infração e qual a resposta estatal a ser imputada para quem praticar esse fato,[133] e que reúne duas particularidades: no campo teórico, a necessidade de uma lei determinando com precisão as condutas tidas como proibidas ou de cometimento obrigatório, além das sanções (*nullum crimen nulla poena sine lex certa*); no campo prático, fica vedada a utilização da analogia (*nullum crimen nulla poena sine lex stricta*).[134]

Nieto García enumera aquelas hipóteses mais comuns, que, segundo ele, acarretam na violação do princípio da tipicidade: a) *insuficiência da tipificação legal* (*nullum crimen nulla poena sine lex certa*): nesse caso, existe uma lei tipificando uma conduta como proibida, embora a mesma não seja clara, ou seja, não apresenta todos os elementos neces-

---

[131] BLASCO PELLICER, Angel, *op. cit.*, p. 26.
[132] NIETO GARCÍA, Alejandro, *op. cit.*, p. 199-200.
[133] NIETO GARCÍA, Alejandro, *op. cit.*, p. 293.
[134] BLASCO PELLICER, Angel, *op. cit.*, p. 28. No mesmo sentido: "Trata-se, como se pode apreciar, de duas maneiras que convergem para cumprir a tipificação. *Tipificação na lei* para que esta descreva a conduta e a sanção e *Tipificação na aplicação da mesma* para que a Administração adeque o fato antijurídico ao tipo descrito. O primeiro é um mandato constitucional ao legislador. O segundo é uma ordem à Administração." (OSSA ARBELÁEZ, Jaime, *op. cit.*, p. 265).

sários essenciais caracterizadores do fato. De acordo com o autor, a tipificação é suficiente quando "consta na norma uma predeterminação inteligível da infração, da sanção e da correlação entre uma e outra";[135] b) *imperfeição da remissão regulamentadora*: embora a tipificação deva decorrer de uma lei, formalmente falando, é possível à Administração complementar as condutas descritas nas normas através de atos administrativos. Esses complementos, entretanto, por integrarem o tipo, devem ser claros e precisos, assim como se exige essas características da lei. Em sendo o complemento imperfeito na sua redação – violando, assim, o princípio da *lex certa* –, a norma que dele fizer uso acaba, por conseguinte, sendo também incompleta e, portanto, inviável para impor sanções;[136] c) *tipificação de infrações e atribuição de sanções*: as normas sancionadoras – sejam penais ou administrativas –, distinguem-se das demais normas em virtude da sua estrutura, ou seja, devem as mesmas possuir um preceito primário – que descreve a conduta – e um secundário – que descreve a sanção. De fato, o legislador, quando imagina ser necessária a imposição de uma sanção a fim de tutelar um determinado interesse, faz uso, invariavelmente, da lei sob uma mesma estrutura: descrição da conduta e cominação da sanção.[137]

---

[135] NIETO GARCÍA, Alejandro, *op. cit.*, p. 293.

[136] NIETO GARCÍA, Alejandro, *op. cit.*, p. 294. Além disso, os atos normativos não podem modificar ou inovar os termos previstos na lei: "O Regulamento constitui, sem lugar a dúvidas, uma das manifestações do poder de polícia. No entanto, seu exercício deve seguir os parâmetros assinalados na lei remitente se não se quer cair no perigo que encerra a invocação dos motivos de ordem pública ou do bem público, para cobrir os desaforos governamentais, e impedir assim que se oculte a exata dimensão do capricho e a entidade danosa do absurdo jurídico." (OSSA ARBELÁEZ, Jaime, *op. cit.*, p. 264).

[137] Gimbernat Ordeig informa que assim se caracterizam as normas penais: "A proposição jurídica consta de dois elementos. O pressuposto de fato e a consequência jurídica a ele vinculada. Se sucede X, seguirá, como consequência jurídica, Y. Esta é, expressada abstratamente, a forma de toda proposição jurídica. Em outros ramos do Direito a gama

Essa estrutura, portanto, deve ser atendida pelo legislador, embora a mesma não se apresente de forma tão rígida para o Direito Administrativo Sancionador. Apesar de as normas tipificadoras de ilícitos administrativos assim devam se caracterizar (preceitos *primário* e *secundário*), o certo é que, para este ramo do Direito, as condutas normalmente são descritas genericamente, necessitando as mesmas de um complemento, bem como as sanções também não são específicas, descrevendo o legislador, muitas vezes, uma série de punições que podem ser aplicadas quando da prática de determinado fato, outorgando ao Administrador a discricionariedade de aplicar aquela que melhor atenda aos seus objetivos;[138] d) *falta de tipificação dos fatos*: reiteradas vezes o legislador não descreve um determinado fato, embora arrole como proibida uma conduta semelhante. Nesses casos, em decorrência do princípio da tipicidade, fica vedada a utilização da analogia, em virtude de se entender que o legislador quis regular um fato e não o outro. A violação do princípio da tipicidade, nessa hipótese, far-se-á presente se o pressuposto fático não possuir algum dos elementos tidos como essenciais previstos no tipo.[139]

Além daqueles princípios relacionados aos aspectos formais dos tipos legais sancionadores (ditames correla-

---

de consequências jurídicas é muito mais ampla. Pensemos nas proposições do Direito privado. (...) Este mecanismo permite-nos já identificar quando estamos ante una norma penal: estamos ante ela quando uma norma jurídica está definindo um delito e vinculando a ele uma pena ou uma medida de segurança. Se não sucede isto, não é uma norma penal." (GIMBERNAT ORDEIG, Enrique. *Concepto y método de la ciencia del Derecho penal*. Madri: Tecnos, 1999, p. 17-18). No sentido da qual essa estrutura também se aplica às normas administrativas sancionadoras: "O que caracteriza, então, o Direito Administrativo – ao contrário do Direito Civil – é a presença universal de uma norma secundária sancionadora para qualquer irregularidade." (NIETO GARCÍA, Alejandro, *op. cit.*, p. 301).
[138] NIETO GARCÍA, Alejandro, *op. cit.*, p. 294.
[139] NIETO GARCÍA, Alejandro, *op. cit.*, p. 294-295.

cionados à legalidade e tipicidade), passa-se, no próximo item, a analisar a possibilidade de a sanção administrativa depender ou não de um vínculo psicológico (dolo ou culpa) existente entre o administrado e a conduta ilícita praticada, ou seja, se o Direito Administrativo Sancionador enseja responsabilidade subjetiva ou objetiva.

### 3.4. Princípio da culpabilidade

A versão atualmente conferida à culpabilidade, para o Direito Penal, se identifica com *reprovabilidade, censurabilidade*, e é somente, nesse sentido, que se entende cabível a aplicação da pena à pessoa do agente, ou seja, se o seu agir se caracterizar como *reprovável* ou *censurável*. Não basta, portanto, para se fazer presente a incidência de pena, que o agente pratique um fato tipificado por uma norma proibitiva e que também seja ilícito. Faz-se necessária a presença do requisito da reprovabilidade do agir. É, pois, um atributo de ordem *moral*, em nada se identificando com variáveis de cunho psicológico ou naturalístico.[140]

Assim entendida a culpabilidade, denota-se que a mesma possui dupla função: 1ª) analisar se o réu é merecedor da resposta estatal. Assim, se a conduta praticada, embora adequada a um tipo penal e contrária ao Direito, não for reprovável ou censurável, isto é, se não se puder afirmar que o agente é *culpado* pelo que fez, o réu não sofrerá pena; 2ª) na hipótese de a conduta ser considerada reprovável, a culpabilidade servirá para indicar o *quantum* de pena a ser aplicada ao agente no caso concreto, dentro dos limites abstratos previstos em lei.[141] E é, nesse senti-

---

[140] COELHO, Walter. *Teoria geral do crime*. v. 1. Porto Alegre: Sérgio Antonio Fabris, 1998, p. 35.

[141] ROXIN, Claus. *Derecho penal – parte general – fundamentos. La estructura de la teoría del delito*. V. 1. Trad. de Diego-Manuel Luzón Peña, Miguel Diaz y García Conlledo e Javier de Vicente Remesal. Madri: Civitas, 1997, p. 814.

do, que leciona Mir Puig, ao discorrer a respeito da origem dessa acepção valorativa da culpabilidade:

> Esta concepção normativa da culpabilidade foi produzida no contexto cultural de superação do naturalismo positivista e de sua substituição pela metodologia neokantiana própria do chamado "conceito neoclássico de delito". Já não se tratava de *descrever* realidades naturais, externas ou internas, mas de *compreender o significado valorativo* dos conceitos jurídicos: a culpabilidade podia deixar de se considerar como um "fato psíquico", para poder ser explicada como juízo de valor.[142]

Assim sendo, a culpabilidade é vista como um juízo de reprovação, que, entretanto, não incide sobre a conduta ou sobre o resultado, mas sobre o elemento psicológico *dolo* e *culpa*; são estes elementos que se caracterizam como sendo o *objeto* de análise da culpabilidade; ou seja, o que se reprova, para fins de imposição da sanção, é o dolo e a culpa do agente. É, nesse sentido, que refere Feijóo Sanchez:

> O injusto doloso supõe a modalidade mais grave de injusto. O ordenamento jurídico-penal considera, em geral, que o fato doloso é mais insuportável para a convivência e mais perturbador para a vida social; por isso contempla sempre uma penalidade maior para o injusto doloso que para o imprudente equivalente, em caso de que não variem o resto dos requisitos da imputação.[143]

---

[142] MIR PUIG, Santiago, *op. cit.*, p. 543.
[143] FEIJÓO SÁNCHEZ, Bernardo José. La Distinción entre Dolo e Imprudencia en los Delitos de Resultado Lesivo. Sobre la Normativización del Dolo. *Cuadernos de Política Criminal*, Madri, n° 65, Instituto Universitario de Criminología – Universidad Complutense de Madrid, Edersa, p. 270, 1998. Seguindo a mesma linha de raciocínio, foi sugerida a inconstitucionalidade do art. 303, do CTB (Lei 9602/98), uma vez que o mesmo determina ser a lesão corporal culposa mais severamente punida que a correspondente modalidade dolosa (KREBS, Pedro. A Inconstitucionalidade e a Ilegalidade do Art. 303 da Lei n° 9.602, de 21.01.98 (Código de Trânsito Brasileiro). *Estudos Jurídicos*. V. 31, n° 83. São Leopoldo: Universidade do Vale do Rio dos Sinos – UNISINOS, Set.-Dez./98, p. 5-6). Informando que culpabilidade é a reprovação do dolo e da culpa, leciona Welzel: "Por seu teor, o injusto é o conjunto das propriedades da *vontade da ação* que a fazem aparecer como indevida, e a culpabilidade seria a soma total das características que mostrariam dita vontade como

No Direito Administrativo Sancionador, o raciocínio mantém-se idêntico, ou seja, adotou-se o princípio *nulla poena sine culpa*,[144] tendo, no dizer de Blasco Pellicer, a jurisprudência espanhola evoluída, no sentido de partir de uma responsabilidade objetiva até concluir, atualmente, pela subjetiva:

> Portanto, no ilícito administrativo não se pode prescindir do elemento subjetivo da culpabilidade para substituí-lo por um sistema de responsabilidade objetiva ou sem culpa. A potestade sancionadora da Administração, enquanto manifestação do "ius puniendi" do Estado, é regida pelos princípios de Direito Penal, sendo princípio estrutural básico o da culpabilidade, incompatível com um regime de responsabilidade objetiva.[145]

O entendimento jurisprudencial espanhol, no sentido de reconhecer o princípio da culpabilidade como inerente ao Direito Administrativo Sancionador, parte da semelhança existente entre a sanção penal e a administrativa, como ficou evidente no seguinte julgado:

> Este princípio de culpabilidade vige também em matéria de infrações administrativas (...) na medida em que a sanção de dita infração é uma das manifestações do *jus puniendi* do Estado. (STC 246/1991, de 19 de dezembro (FJ 2) ou STC 76/1990, de 26 de abril (FJ 4A).[146]

No Direito brasileiro, tem-se, como exemplo, manifestações do órgão julgador máximo, da esfera administrativo-fiscal, quando esse deliberou no sentido de não ser possível aplicar-se uma sanção ao contribuinte se este, ao descumprir a lei, atuou sem dolo ou culpa:

> GUIA DE IMPORTAÇÃO INIDÔNEA – Não demonstrada a participação, direta ou indireta, do importador no fato ilícito, deve-se interpretar o art. 136 do Código Tributário Nacional, de maneira mais favorável

---

reprovável." (WELZEL, Hans. *Derecho penal alemán – parte general*. 4.ed.. Trad. de Juan Bustos Ramírez e Sergio Yáñez Pérez. Santiago do Chile: Editorial Jurídica de Chile, 1997, p. 169).
[144] BACIGALUPO, Enrique, *Sanciones administrativas...*, p. 33.
[145] BLASCO PELLICER, Angel, *op. cit.*, p. 34-35.
[146] DE PALMA DEL TESO, Ángeles, *op. cit.*, p. 53.

ao contribuinte e sob os auspícios do art. 112, inciso III do mesmo diploma legal, por não se poder falar em responsabilidade objetiva de ato ilícito.[147]

Na mesma esteira de raciocínio, o art. 7º da Lei Estadual (RS) nº 6.537/73 (lei que dispõe sobre o procedimento tributário administrativo), refere, em seu inc. I, que são consideradas como qualificadas as infrações materiais quando estas decorrerem de "utilização dolosa de documento assim viciado".[148]

Em adotando esse princípio, as sanções administrativas não poderão ser aplicadas, sob pena de se adotar uma responsabilidade objetiva, nos seguintes casos: a) incapacidade do agente;[149] b) erro de tipo inevitável, que acarreta no afastamento dos elementos psicológicos dolo e culpa;[150] c) erro de proibição, que afasta a culpabilidade, nas hipóteses em que o agente não conhecia e nem poderia conhecer a respeito da regra de proibição.[151]

---

[147] Processo nº 11042.000215/96-94. Recurso Especial nº RP/301-0.561, j. em 14.8.2000. Acórdão nº CSRF/03-03.122, 3ª Turma da Câmara Superior de Recursos Fiscais.

[148] "Art. 7º. Quanto às circunstâncias de que se revestem, as infrações materiais são havidas como: I – qualificadas, quando envolvam falsificação ou adulteração de livros, guias ou documentos exigidos pela legislação tributária, inserção neles de elementos falsos ou utilização dolosa de documentário assim viciado, bem como quando a lei, ainda que por circunstâncias objetivas, assim as considere;"

[149] "Daí que as pessoas que não gozem da capacidade de atuar de uma forma dolosa ou culposa, carecem de aptidão de serem sujeitos ativos de uma infração administrativa." (OSSA ARBELÁEZ, Jaime, *op. cit.*, p. 390).

[150] "(...) incorre em erro dessa natureza quem desconhece os elementos constitutivos do que a norma descreve." (OSSA ARBELÁEZ, Jaime, *op. cit.*, p. 392).

[151] "O erro é (...) quando tem por objeto a existência mesma da norma, sua vigência ou interpretação." (OSSA ARBELÁEZ, Jaime, *op. cit.*, p. 393).

### 3.5. Princípio do *ne bis in idem*

O princípio do *ne bis in idem* possui dois destinatários: o primeiro é o legislador, a fim de que o mesmo não duplique as infrações, enquanto que o segundo são os aplicadores da lei – juízes e administradores – para que estes evitem a duplicidade sancionadora.[152]

Parte esse princípio do entendimento do qual a sanção deve ser proporcional ao injusto praticado, ou, o que acarreta no mesmo raciocínio, deve-se evitar uma reação desproporcional frente a uma conduta ilícita, bem como a concessão de segurança jurídica ao cidadão, permitindo com que este saiba, antecipadamente, o conteúdo e o tamanho da reação punitiva.[153] Estes dois fundamentos – proporcionalidade e segurança – analisados isoladamente não impedem a duplicidade. Por isso é que se faz necessário recorrer a ambas as variáveis conjuntamente.[154]

No Brasil, não existe qualquer dispositivo, seja constitucional ou legal, que vislumbre uma dependência entre as sanções, embora o fundamento para afirmar a possibilidade da duplicidade sancionadora é a ultrapassada "separação dos poderes",[155] argumento esse inaceitável em um Estado de Direito, eis que faz prevalecer o *jus puniendi* estatal em detrimento dos Direitos e garantias do cidadão. É, nessa linha de raciocínio, o entendimento esboçado pelo Tribunal Constitucional espanhol: "(...) o princípio do *ne bis in idem* se configura como um direito fundamental do cidadão frente à decisão de um poder público em castigá-lo por uns fatos que já foram objeto de sanção".[156]

A jurisprudência brasileira, nesse sentido, tem se apegado a aspectos de ordem formal para evitar a duplicidade,

---

[152] NAVARRO CARDOSO, Fernando, *op. cit.*, p. 34.
[153] MUÑOZ LORENTE, José, *op. cit.*, p. 50.
[154] MUÑOZ LORENTE, José, *op. cit.*, p. 54.
[155] OSÓRIO, Fábio Medina, *Direito administrativo sancionador*, p. 290.
[156] NAVARRO CARDOSO, Fernando, *op. cit.*, p. 34-35.

ou seja, tudo depende da norma sancionadora: se a mesma possibilita a *outra* sanção, então resta traduzida a vontade do legislador em permitir o *bis in idem*; entretanto, se inexistir essa remissão, a duplicidade resta impossibilitada.[157]

### 3.6. Princípio da vedação a autoincriminação

Primeiramente, no tocante a esse princípio, é de chamar a atenção que a CF não reconhece de forma expressa tal direito ao cidadão,[158] ao contrário de outras constituições.[159] Tal postura do legislador constituinte brasileiro, porém, não impede identificar tal direito como garantia individual do cidadão contra o Estado, eis que o mesmo

---

[157] É o que sustenta o STJ a respeito do crime de desobediência: RHC 4250. Fonte: DJ, de 27.3.1995, p. 7175. Relator Min. Assis Toledo. Data: 06.3.1995. 5ª Turma, do STJ.

[158] Em verdade, a CF refere em seu art. 5º, inc. LXIII, que a autoridade tem o dever de comunicar o preso de seu direito ao silêncio; é por demais óbvio, porém, que o legislador não pretendeu reconhecer tal direito tão somente àquele que se encontra sob custódia, mas também ao que tem contra si qualquer espécie de investigação ou acusação que possa redundar na sua responsabilização. De fato, seria um raciocínio por demais esdrúxulo imaginar que o Estado, em um primeiro momento, poderia coagir o cidadão a confessar a prática de um eventual ilícito para, a par de tal confidência, efetuar sua prisão e só a partir desse momento conferir a ele o direito ao silêncio; nesse sentido: "(...) embora aludindo ao preso, a interpretação da regra constitucional deve ser no sentido de que a garantia constitucional abrange toda e qualquer pessoa, pois diante da presunção de inocência, que também constitui garantia fundamental do cidadão (art. 5º, inc. LVII, CF e ainda Convenção Americana sobre Direitos Humanos, art. 8º, § 2º) a prova da culpabilidade incumbe exclusivamente à acusação" (GOMES FILHO, Antônio Magalhães. *Direito à prova no processo penal*. São Paulo: RT, 1997, p. 113).

[159] A CE, por exemplo, faz referência expressa, em seu art. 24.2, a tal direito, dispondo que todo cidadão é titular do "direito a não declarar contra si mesmo, a não se confessar culpado e a presunção de inocência"; de igual forma, o Pacto de San José da Costa Rica, incorporado ao ordenamento jurídico brasileiro em 1992, estabeleceu, em seu art. 8º, inc. II, alínea *g*, que "toda pessoa tem direito de não ser obrigada a depor contra si mesma, nem a declarar-se culpada".

decorre do aclamado princípio da presunção de inocência, determinado pelo art. 5º, inc. LVII, da CF.[160] Essa, por sinal, tem sido a posição firmada pelo STF:

> A recusa em responder ao interrogatório policial e/ou judicial e a falta de cooperação do indiciado ou do réu com as autoridades que o investigam ou que o processam traduzem comportamentos que são inteiramente legitimados pelo princípio constitucional que protege qualquer pessoa contra a auto-incriminação (sic), especialmente aquela exposta a atos de persecução penal.
>
> O Estado – que não tem o direito de tratar suspeitos, indiciados ou réus como se culpados fossem (RTJ 176/805-806) – também não pode constrangê-los a produzir provas contra si próprios (RTJ 141/512).
>
> Aquele que sofre persecução penal instaurada pelo Estado tem, dentre outras prerrogativas básicas, o direito (a) de permanecer em silêncio, (b) de não ser compelido a produzir elementos de incriminação contra si próprio nem constrangido a apresentar provas que lhe comprometam a defesa e (c) de se recusar a participar, ativa ou passivamente, de procedimentos probatórios que lhe possam afetar a esfera jurídica, tais como a reprodução simulada do evento delituoso e o fornecimento de padrões gráficos ou de padrões vocais, para efeito de perícia criminal.[161]

---

[160] A correlação entre o princípio de não se autoincriminar e o princípio da presunção de inocência também é reconhecida pelo TEDH: "O direito de não ser autoincriminado, especificamente, pressupõe que a acusação, em um caso criminal, prove o seu caso contra o acusado sem o recurso de uma prova obtida através de métodos coercitivos ou opressivos em oposição à vontade do acusado. Neste sentido, o direito está intimamente ligado à presunção de inocência contida no Capítulo 6º, para. 2º, da Convenção (art. 6-2)" (Processo nº 43/1994/490/572, nº 68, Saunders v. Reino Unido).

[161] HC 96.219, Relator Ministro Celso de Mello. Em idêntico sentido, sustentou o TRF, da 4ª Região, no julgamento do HC 2005.04.01.023325-6/PR, nos seguintes termos: "Ementa: CONSTITUCIONAL. PROCESSUAL PENAL. *HABEAS CORPUS*. CONSTRANGIMENTO ILEGAL. DETERMINAÇÃO DO JUÍZO *A QUO* DOS PACIENTES PRODUZIREM PROVA CONTRA SI MESMO. APLICAÇÃO DO PRINCÍPIO DA NÃO AUTO-INCRIMINAÇÃO (sic) – *NEMO TENETUR SE DETEGERE*. 1. A auto-incriminação (sic) não encontra guarida na norma penal brasileira, nem na doutrina, muito menos na jurisprudência, o que, legitima a insurgência dos Pacientes contra a determinação da prática de exercício probatório que possa reverter em eventual condenação penal. 2. Através do princípio *nemo tenetur se detegere*, visa-se proteger qual-

Assim sendo, é de se concluir que o princípio da vedação à obrigatoriedade de produzir prova contra si mesmo encontra-se respaldado pela nossa Constituição como cláusula pétrea, apesar de o Estado, como veremos no capítulo a seguir, corriqueiramente exigir do cidadão atitudes que porventura possam vir a prejudicá-lo, tudo em nome do bem comum.

O referido princípio, identificado como ideia basilar do Estado de Direito, parte do entendimento do qual ninguém tem de se ver obrigado a contribuir para a investigação de ilicitudes, ainda mais se tal irregularidade for imputada contra si: o ônus de acusar e provar o ilícito – penal ou administrativo – é sempre do Poder Público, não podendo tal tarefa ser delegada a particulares, muito menos àquele que sofre a acusação.[162] Assim sendo, tem-se que a razão principal do direito ao silêncio se encontra na

---

quer pessoa indiciada ou acusada da prática de delito penal, dos excessos e abusos na persecução penal por parte do Estado, preservando-se, na seara dos direitos fundamentais, especialmente neste caso, a liberdade do indivíduo, evitando que o mesmo seja obrigado à compilação de prova contra si mesmo, sob pena de constrangimento ilegal, sanável por *habeas corpus*. Cuida-se de prerrogativa inserida constitucionalmente nos princípios da ampla defesa (art. 5º, inciso LV), da presunção de inocência (art. 5º, inciso LVII) e do direito ao silêncio (art. 5º, inciso LXIII)." (Relator Desembargador Federal Tadaaqui Hirose).

[162] O STF entendeu, inicialmente, que o princípio da vedação a autoincriminação somente teria relevância em procedimento criminal, não sendo permitida a extensão desse benefício às demais atividades estatais (HC 79.244/DF). Tal conclusão foi alterada (HCML 79.812/SP), passando o STF a entender que o benefício pode ser utilizado pelo investigado em qualquer procedimento, desde que as informações por ele prestadas tenham relevância penal futura. Saliente-se, porém, que a conclusão exarada por nossa Corte Constitucional foi proferida em período no qual os estudos a respeito da atividade sancionadora estatal não se encontravam evoluídos; basta referir que a primeira obra de vulto, no país, se dá com o trabalho, datado de 2000, de Fábio Medina Osório (*Direito administrativo sancionador*). Em nossa opinião, o benefício de não se autoincriminar é garantia passível de ser utilizada *em qualquer procedimento estatal sancionador*, e não só naquele que possa vir a ter relevância penal.

própria presunção de inocência: não é, pois, o cidadão que possui o ônus de provar sua absolvição ou que não existe fundamento para o reconhecimento de sua culpa, prova negativa essa que se traduziria de produção extremamente dificultada. Além disso, o direito a não autoincriminação deriva da ideia da qual o acusado é concebido como parte, um sujeito da relação processual, e não *objeto* do processo – como sucedia com a inquisição –, não podendo, assim, ser utilizado, contra sua vontade, como fonte de prova contra si próprio.

Historicamente, tem-se a notícia de que a positivação de tal direito decorre da 5ª Emenda à Constituição Norte-Americana, tendo, a partir daí, passado a integrar as constituições de várias nações no mundo; o objetivo de tal princípio, a bem da verdade, é um só: proteger o cidadão contra a tortura ou outros meios de coerção visando obter informações e confissões.

Que tal princípio se verifica quando o cidadão é alvo de uma acusação por parte dos entes públicos – judiciais ou até mesmo administrativos – não resta dúvida alguma; a questão que se aborda, nessa pesquisa, é saber se tal princípio, o da vedação a autoincriminação, é também aplicável no campo investigativo. Esse é o ponto que será visto a seguir.

## 4. A obrigação tributária acessória e o princípio da não autoincriminação no direito comparado

Primazia concedida à Fazenda Pública é o fato dela poder exigir do cidadão – contribuinte ou não – que lhe forneça as informações necessárias a fim de facilitar sua atividade arrecadatória. Essa submissão do cidadão para com a mesma é denominada de *obrigação tributária acessória* e está prevista no art. 113, § 2º, do CTN: "A obrigação acessória decorre da legislação tributária e tem por objeto as prestações, positivas ou negativas, nela previstas no interesse da arrecadação ou da fiscalização dos tributos".[163] Pode a obrigação acessória versar sobre um *facere* (a entre-

---

[163] O art. 113, § 2º, do CTN, refere que a obrigação tributária acessória sucede da "legislação" tributária; a expressão "legislação", por óbvio, não é aquela referida no art. 96 do CTN (leis, tratados, convenções internacionais, decretos e normas complementares que versem, no todo ou em parte, sobre tributos e relações jurídicas a eles pertinentes), eis que, se assim o fosse, qualquer dessas normas poderia, em tese, instituir obrigação acessória. A CF, ao reconhecer o princípio da legalidade como garantia individual (art. 5º, II), garantia essa reanimada no âmbito tributário (art. 150, I), acabou por assinalar que as obrigações acessórias somente poderão ser criadas por lei, ou seja, por ato sucedido do Poder Legislativo competente, cabendo aos decretos e outras normas complementares tão somente o papel de aclarar aquela, objetivando, com isso, torná-la eficaz. Verifica-se, assim, a inconstitucionalidade do inc. IV do art. 15 do Anexo I do Decreto 6.764/2009, que outorga à Secretaria da Receita Federal estabelecer obrigações tributárias acessórias.

ga da escrituração contábil para o Fisco), um *non facere* (não transportar mercadorias desacompanhadas da documentação fiscal) ou *pati* (tolerar vistorias em bagagens).[164]

Essa relação de submissão do cidadão frente à Administração Pública não é verificada tão só no contato fiscal; em verdade, está o Estado autorizado a castigar todo aquele que com ele não auxilia na verificação de irregularidades, como é o caso da obrigatoriedade, no trânsito, de submissão ao teste de alcoolemia (bafômetro).[165] Assim, verifica-se a possibilidade de o Estado fazer uso da coação

---

[164] Tal possibilidade, aliás, não é conferida pela lei tão somente aos entes públicos: determinados setores da economia, muitas vezes exercidos por empresas privadas, podem fazer uso da informação prestada pelo consumidor a fim de poder estabelecer o valor a ser exigido, como é o caso do consumo de água e luz. E o que se denota nessas relações de submissão é que, caso o cidadão frente ao Fisco ou o consumidor frente às empresas fornecedoras de água e luz não informe os dados necessários para a efetivação da cobrança, haverá a possibilidade de imposição de uma sanção. No caso do consumo de energia elétrica, a Resolução ANEEL n° 456, de 29.11.2000, refere o seguinte: "Art. 91. A concessionária poderá suspender o fornecimento, após prévia comunicação formal ao consumidor, nas seguintes situações: (...) VIII – impedimento ao acesso de empregados e prepostos da concessionária para fins de leitura e inspeções necessárias".

[165] É o que refere o art. 277, do CTB: "Art. 277. Todo condutor de veículo automotor, envolvido em acidente de trânsito ou que for alvo de fiscalização de trânsito, sob suspeita de dirigir sob a influência de álcool será submetido a testes de alcoolemia, exames clínicos, perícia ou outro exame que, por meios técnicos ou científicos, em aparelhos homologados pelo CONTRAN, permitam certificar seu estado". Já o seu § 3° assim determina: "§ 3° Serão aplicadas as penalidades e medidas administrativas estabelecidas no art. 165 deste Código ao condutor que se recusar a se submeter a quaisquer dos procedimentos previstos no *caput* deste artigo". E o art. 165, por sua vez, dispõe: "Art. 165. Dirigir sob a influência de álcool ou de qualquer outra substância psicoativa que determine dependência: Infração – gravíssima; Penalidade – multa (cinco vezes) e suspensão do direito de dirigir por 12 (doze) meses; Medida Administrativa – retenção do veículo até a apresentação de condutor habilitado e recolhimento do documento de habilitação". Verifica-se, nesse caso, que, na hipótese de o motorista não resistir à coação do art. 277, § 3°, e se prestar a fazer o exame, tal prova, obtida mediante coação, poderá, em

objetivando constranger o cidadão a fim de que esse pratique o ato esperado pela Administração.

Tal prerrogativa decorre da concessão feita ao Estado de ele ser detentor do direito (ou dever) de estabelecer restrições às liberdades conferidas aos cidadãos; de fato, a vida em sociedade exige a determinação de limites aos direitos dos administrados sob pena de se verificar o abuso.

Assim, é viável à Administração impor sanções aos seus administrados quando esses não contribuem para com aquela na apuração de irregularidades.[166] O estabelecimento de sanção aos administrados que com ela não cooperam deriva do entendimento do qual o Estado, em sendo o detentor da tutela da coletividade, não pode se submeter aos direitos conferidos aos cidadãos, esses vislumbrados como indivíduos isolados.

É o caso da *obrigação tributária acessória* vista acima. Têm-se, nos termos da lei, duas obrigações tributárias: a principal, que é o pagamento do tributo, e a acessória, que é a obrigação que detém o cidadão – contribuinte ou não – de prestar informações à Fazenda Pública para fins de arrecadação ou fiscalização de tributo. Ora, a prestação de informações para a Fazenda, a bem da verdade, só gera malefícios para o contribuinte:[167] se esse pratica atos de so-

---

tese, ser utilizada tanto no processo penal (art. 306) como no administrativo sancionador (art. 165).

[166] No caso especificamente fiscal, a omissão de informação ou a prestação de declaração falsa às autoridades fazendárias constitui crime contra a ordem tributária (art. 1º, I, da Lei 8.137/90).

[167] "O estudo do princípio contra a auto-incriminação (*sic*) envolve os demais ramos do Direito, porque em âmbito tributário, comercial ou civil surgem episódios em que a produção de determinada prova é francamente contrária aos interesses da parte e capaz de acarretar-lhe a responsabilização criminal" (HADDAD, Carlos Henrique Borlido. O Princípio Contra a Auto-Incriminação e seus Reflexos em Âmbito Tributário. *Revista do Tribunal Regional Federal da 1ª Região*, Brasília, v. 17, n. 5, maio 2005, p. 6).

negação fiscal, por exemplo, a obrigação de entregar sua escrita contábil comprovará materialmente a redução indevida de impostos a pagar; porém, se o contribuinte se nega a entregar os dados, o mesmo ver-se-á obrigado a pagar multa por tal omissão.[168]

Portanto, desse exemplo, podem-se extrair as seguintes conclusões: a) é legítima a atividade de aplicar sanções aos administrados que não contribuem para com o Estado na investigação de irregularidades[169] ou meramente arrecadatórias; b) nesses casos, inexiste qualquer violação do princípio da presunção de inocência; c) o princípio da presunção de inocência, assim, deve ser relativizado, não podendo ser visto como algo absoluto. Firmar, pois, os limites dessa relativização é o objetivo desse trabalho.

---

[168] É o que determina, por exemplo, o art. 11 da Lei 6.537/73, do Rio Grande do Sul; no âmbito federal, vide nota 2, *supra*.

[169] É a posição dominante do Tribunal Europeu de Direitos Humanos, ao referir que o princípio da presunção de inocência, inclusas suas derivações, como é o princípio da não obrigatoriedade de produzir prova contra si próprio, não é uma garantia absoluta: "Em minha opinião isso está, em princípio, permitido ao Direito nacional compelir categorias específicas de suspeitos pela ameaça de punição aos que contribuírem passiva ou ativamente para forjar uma prova, mesmo que uma prova decisiva, contra si próprios. Os suspeitos podem ser compelidos a permitir ou mesmo cooperar na tomada de impressões digitais, na tomada de amostragem de sangue para exames alcoólicos, para exames de DNA ou para soprar em um bafômetro para determinar a embriaguez. Em todos esses casos e em casos semelhantes, o sistema jurídico está, em princípio, livre para decidir se o interesse geral comum em trazer a verdade e em trazer culpados a julgamento deverá ter precedência sobre o privilégio garantia da não autoincriminação" (§ 10 do voto do Juiz S. K. Martens, quando do julgamento de Ernest Saunders *versus* Reino Unido). No Brasil, o sistema tributário permite concluir que é obrigação de todos cooperar na atividade arrecadatória do Estado. Na ordem constitucional, tanto o § 1º do art. 145 da CF, ao proclamar o princípio da progressividade como característica dos impostos de caráter pessoal, bem como o art. 195, quando refere que a seguridade social será financiada por todos, reforçam tal entendimento.

## 4.1. A relativização do direito a não autoincriminação na esfera penal. A jurisprudência do TEDH

Identificar os limites da proibição da autoincriminação tem sido um dos temas mais debatidos na Europa, sendo que tal questionamento inclusive já foi objeto de análise pelo Tribunal Europeu de Direitos Humanos (TEDH).[170]

Um dos julgamentos mais controvertidos desse Tribunal foi proporcionado na sentença Saunders *v.* Reino Unido, de 17 de dezembro de 1996, que, em síntese, apreciou o seguinte caso.

O recorrente, Ernest Saunders, foi presidente da empresa *Guinness PLC*. No início de 1986, essa empresa competiu com a *Argyll Group PLC* para a compra de uma terceira empresa, a *Distillers Company PLC*. A proposta de pagamento, feita pelas duas empresas, foi suas próprias ações, sendo que o valor estabelecido pela Bolsa de Valores de Londres às ações das empresas competidoras cuidou de definir a empresa vencedora. Em um determinado momento, no mercado britânico, as ações da empresa *Guinness* subiram de forma anormal, permitindo assim que essa empresa fosse declarada a vencedora do certame; porém, uma vez fechada a transação, o preço da ação caiu sensivelmente. Verificou-se, após, que o aumento do valor da ação da *Guiness* na Bolsa de Valores durante o certame se deu em decorrência de uma operação ilegal, onde certas pessoas compraram ações da *Guiness* no mercado objetivando com isso aumentar o preço. *Guinness* havia, após, indenizado sigilosamente essas pessoas pelas eventuais perdas que sofreram. Em fins de 1986, o Departamento Britânico de Comércio e Indústria (D.T.I.) inicia uma investigação administrativa dos fatos. Em 12 de janeiro de 1987, os inspetores encarregados da investigação comunicam ao

---

[170] Essa corte está localizada na cidade de Estrasburgo, França, não integrando, como órgão jurisdicional, a União Europeia, mas o Conselho da Europa.

D.T.I. que haviam reunido provas materiais de possíveis infrações penais. Na primeira semana de maio iniciou-se a investigação penal do caso. A totalidade da documentação elaborada ou obtida pelos inspetores do D.T.I. foi entregue à autoridade encarregada de concluir a investigação penal.

Condenado à prisão pelos tribunais britânicos, Saunders recorreu para o TEDH, alegando que a utilização, no processo penal, de suas declarações feitas aos inspetores do D.T.I. contraria o direito a um processo equitativo, consagrado no artigo 6.1 do Convênio Europeu para a Proteção dos Direitos Humanos e das Liberdades Fundamentais.[171]

Ao julgar o feito, o TEDH, no parágrafo 74 da sentença, assinala que o interesse público não justificaria que as respostas obtidas mediante coação em uma investigação administrativa fossem utilizadas na esfera penal objetivando incriminar o sujeito que as prestou.[172] Assim sendo, o

---

[171] "Toda pessoa tem o direito a que sua causa seja ouvida equitativa, publicamente e dentro de um prazo razoável, por um tribunal independente e imparcial, estabelecido por lei, que decidirá os litígios sobre seus direitos e obrigações de caráter civil ou sobre o fundamento de qualquer acusação em matéria penal dirigida contra ela...".

[172] "74. Nem a Corte entende isto necessário, tendo em consideração que acima da valoração como se utiliza nas inquirições durante o julgamento, para decidir se o direito de não se autoincriminar é absoluto, ou se algumas infringências a este direito podem estar justificadas em circunstâncias particulares. Não se aceita o argumento do Estado que a complexidade na fraude corporativa e o interesse vital na investigação dessa fraude e a punição dos responsáveis possa justificar, como ocorreu no presente caso, como um dos princípios básicos de um processo justo. Como a Comissão, considera-se que os requisitos gerais de justiça contida no Capítulo 6 (art 6), incluindo o direito de não autoincriminar alguém, aplica-se ao procedimento criminal relativo a todos crimes sem distinção entre o mais simples ao mais complexo. *O interesse público não pode ser invocado para justificar o uso de resposta compulsoriamente obtida em uma investigação não judicial para incriminar o acusado durante o processo judicial.* Isto é digno de nota, pois, no que concerne a declarações obtidas compulsoriamente pelo Departamento de Fraudes Complexas, não é possível, como regra geral, apresentar

TEDH declarou ter sido violado o artigo 6.1 do Convênio, eis que contraria o direito de não declarar contra si mesmo a outorga, para a esfera penal, das manifestações feitas pelo senhor Saunders, sob coação, perante os inspetores do D.T.I.

Para fundamentar tal entendimento, o TEDH definiu que o Direito ao silêncio – que traduz a faculdade de não responder perguntas – e o de não contribuir para sua própria incriminação – que é o permissivo de não apresentar provas que o incriminem – são garantias distintas, embora o segundo abranja o primeiro.[173] O Direito ao silêncio, para a corte, vige tão somente quando contra o cidadão existe já instaurado um processo – penal ou administrativo –, ou seja, quando a pessoa integra uma lide como *parte*; fora desses casos, a pessoa não pode se valer do Direito ao silêncio, ainda que possua o Direito de não se autoincriminar.

---

essas provas no julgamento. Além do mais, o fato das declarações terem sido feitas pelo suspeito antes da acusação formal não previne da ilegalidade a sua utilização posterior durante a tramitação do processo". Versão francesa da decisão.

[173] Foi o que decidiu o Tribunal ao julgar o caso John Murray v. Reino Unido, em seu parágrafo 45: "45. Embora não especificamente mencionado no Capítulo 6º (art. 6º) da Convenção, não poderá haver dúvida que o direito de permanecer calado no interrogatório policial e o privilégio de não autoincriminação são padrões internacionalmente reconhecidos que estão assentados na base da noção de um processo justo (ver o julgamento do caso Funke citado acima...). Prover o acusado com esta proteção contra a coerção indevida pelas autoridades contribui para evitar os fracassos da justiça e assegurar os objetivos do Capítulo 6º (art. 6º)"; afirmando o caráter de abrangência de um em relação ao outro: "O texto deste parágrafo no julgamento de John Murray – especialmente se comparado ao parágrafo 44 de Funke v. França, julgado em 25 de Fevereiro de 1993 (Série A nº 256-A, p. 22, para. 44) – claramente sugere que, na opinião da Corte, duas diferentes imunidades estão envolvidas. De um ponto de vista conceitual, entretanto, pareceria óbvio que o privilégio contra a autoincriminação (=grosseiramente falando, o direito de não ser obrigado a produzir provas contra si) é um direito mais amplo, o qual abrange o direito de permanecer calado (grosseiramente, o direito de não responder perguntas)" (§ 4º do voto do Juiz S. K. Martens, quando do julgamento de Ernest Saunders *versus* Reino Unido).

Assim, fora do contexto de um procedimento acusatório contra si, o Direito ao silêncio não prevalece, mas tão só o de não se autoincriminar, que, no caso, se a informação for obtida por intermédio de coação, tal prova *não poderá ser utilizada em um processo penal ou administrativo futuro*.[174]

Assim sendo, o entendimento prevalecente é o de fazer valer o Direito de não se autoincriminar em qualquer procedimento sancionador; no caso, se a prova foi obtida mediante coação ainda em meio à fase investigatória, tal prova deverá ser descartada, não podendo ser utilizada no futuro quando da instauração do procedimento acusatório.

De fato, entendemos como correta a manifestação do TEDH, ao referir que não podem ser utilizadas as provas obtidas em um processo administrativo tributário[175] – eis que obtidas mediante coação, no caso, a imposição de multa – na esfera penal, até porque o reconhecimento da prática de um crime, por parte do contribuinte, ensejaria uma confissão dissimulada: a confissão, para ser considerada válida, deve ser produzida pelo réu perante o juiz, na presença de advogado e acobertado por todas as garantias constitucionais. A bem da verdade, a mera oferta de documentos representativos de sua atividade empresarial não importa em consentimento para uma utilização posterior na esfera penal. No caso, verifica-se o erro acerca da utilização desse material, inclusive com o induzimento, de igual forma enganosa, a confessar o delito.

De fato, a inexistência de um limite claro existente entre os dois procedimentos – o investigatório, executado

---

[174] Nesse sentido, ver PALAO TABOADA, Carlos. *El Derecho a no autoinculparse en el ámbito tributario*. Navarra: Aranzadi, 2008, p.19 e s.

[175] "Por ter aplicação no campo probatório do Direito Processual, o princípio contra a auto-incriminação (*sic*) deveria limitar seu alcance ao processo penal. Não obstante, possui aspectos materiais que revelam a estreita relação com o Direito Penal e o Direito Tributário" (HADDAD, Carlos Henrique Borlido, *op. cit.*, p. 6).

pelos técnicos da Fazenda, e o acusatório, exercido pelo Ministério Público, perante o Poder Judiciário – cria um ambiente propício para a vulneração sistemática do Direito a não se autoincriminar na ordem tributária.[176] E não há aqui que se dizer que o ambiente acusatório somente se verifica após a *notificação* do processado: a problemática que aqui se analisa não é o da violação da ampla defesa, mas da utilização em toda a fase precedente da notificação do processado de sanções para a obtenção de prova incriminadora.

Assim, pode-se afirmar que tudo o que for confiado à fiscalização, pelo contribuinte, sob coação (multa), poderá ser legitimamente utilizado para determinar tão somente o *quantum* devido; porém, não será legítima a utilização dessas provas, desses materiais, contra o contribuinte para responsabilizá-lo por crime contra a Fazenda Pública, eis que atentaria contra seu direito fundamental a não se autoincriminar.

### 4.2. A relativização do direito à não autoincriminação na esfera tributária

De acordo com o raciocínio exposto no Capítulo 3, é atributo de todo Estado de Direito a utilização dos princípios conferidos ao Direito Penal e Processo Penal também ao Direito Administrativo Sancionador, incluindo, nesse âmbito, o Direito Tributário. Assim, um dos princípios re-

---

[176] Embora versando sobre outra hipótese, no caso, o exame de alcoolemia no trânsito, ver CALLEGARI e LOPES (A Imprestabilidade do Bafômetro como Prova no Processo Penal, *in* http://www.asdep.com.br/principal.php?id=artigos&cod=147), quando afirmam que a informação positiva da existência de qualquer quantidade de álcool no sangue do motorista acarreta já na proposição da prática do delito descrito no art. 306, do CTB. Em idêntico sentido, referindo que a falta de uma separação entre os dois procedimentos acarreta, na fase inquisitorial, o reconhecimento do Direito a não se autoincriminar, ver, com ampla referência jurisprudencial, PALAO TABOADA, Carlos, *op. cit.*, p.23 e ss.

conhecidos ao Direito Sancionador – Penal ou Administrativo – é o da presunção de inocência, princípio esse que abrange o direito de o cidadão não precisar contribuir para a produção de prova que venha a lhe prejudicar.

Dessa forma, fundamentar e justificar a aplicação de sanções – pena, no âmbito criminal, ou multa, no âmbito administrativo – tão somente em mera declaração autoinculpatória obtida sob coação pelo próprio obrigado tributário constitui um atentado ao direito desse não declarar contra si próprio, incluindo aí o seu direito à presunção de inocência.

Portanto, nem a sanção penal e nem a multa tributária podem ser aplicadas quando a Administração Pública tomar conhecimento da irregularidade através de ato provocado pelo próprio contribuinte e quando tal ato autoinculpatório for obtido mediante coação.

Sobre a identificação de uma infração tributária, a Fazenda pode se valer de dois métodos. Quando o reconhecimento decorre de uma atividade positiva dos agentes fazendários, a regra é que o contribuinte não pode se insurgir contra tal comportamento: tal conclusão decorre da atividade de polícia conferida à Fazenda, como refere o art. 195 do CTN, que determina não ter aplicação qualquer disposição legal que exclua ou restrinja o direito de o fisco examinar mercadorias, livros, arquivos, documentos e papéis dos comerciantes, industriais ou produtores.

O outro procedimento, também alcançado pelo art. 195, *in fine*, do CTN, se dá através de uma atuação negativa (passiva) dos fiscais, onde os servidores simplesmente exigem, sob coação, do contribuinte a prestação das informações: nesses casos é que se verifica a possibilidade de aplicação do benefício de não se autoincriminar a fim de evitar a aplicação de qualquer sanção (multa) estatal.

Denota-se, assim, que as informações obtidas pela Fazenda Pública através de procedimentos do tipo SINTEGRA

(Sistema Integrado de Informações Sobre Operações Interestaduais com Mercadorias e Serviços), informações essas que são obtidas mediante coação (no caso do Estado do Rio Grande do Sul, a multa para o contribuinte que não fornece os dados para a Fiscalização está descrita no artigo 11, inciso IV, alínea *e*, item 2, da Lei n° 6.537/73),[177] não podem servir, posteriormente, como argumento, na hipótese de reconhecida alguma irregularidade fiscal, para imposição de multa: saliente-se, a verificação de irregularidade, sem a conduta ativa investigatória do fisco, permite a exigência tão somente do tributo devido, com os acréscimos legais daí decorrentes – juros e correção monetária –, mas jamais a imposição de multa.

Não há, no caso, qualquer empecilho em se estender o princípio da presunção de inocência, e seus corolários, para aquelas atividades administrativas que, saliente-se, mais violam e afrontam tal garantia;[178] atualmente, com a

---

[177] Art. 11 – Pela prática das infrações tributárias formais a seguir enumeradas, são cominadas as seguintes multas: (...) IV – infrações relativas a informações devidas por contribuintes: (...) e) omitir informações em meio eletrônico ou prestar essas informações de maneira incorreta ou em desacordo com a legislação tributária: (...) 2 – quando não houver a entrega de arquivos com informações devidas no local, na forma ou no prazo previstos ou quando ocorrer omissão de informações ou prestação de informações incorretas: multa de 1% do valor das respectivas operações ou prestações, não inferior a 120 UPF-RS por período de apuração a que se referirem as informações.

[178] Não concordamos, assim, com a conclusão esboçada por Haddad (HADDAD, Carlos Henrique Borlido, *op. cit.*, p. 9) que refere: "Caso o princípio *nemo tenetur se detegere* tivesse aplicação no Direito Tributário, não se poderia converter a obrigação acessória em principal relativamente à penalidade pecuniária pelo fato de o contribuinte omisso não ter colaborado para a formulação do correto lançamento". A discordância a esse entendimento deriva de duplo arrazoado. Primeiro, porque o § 3° do art. 113, do CTN, não apresenta o alcance pretendido pelo autor, eis que o dispositivo refere tão somente que o não cumprimento da obrigação acessória converte-se em multa, ou seja, expõe que a prestação da obrigação tributária acessória é sempre obtida mediante coação (multa, no caso), e que, se não for prestada, tal sanção, após o lançamento, as-

informatização dos sistemas de dados contábeis das empresas, a identificação de irregularidades fiscais depende tão só das informações prestadas pelo próprio contribuinte, dados esses que muitas vezes possuem a serventia única de prejudicá-lo, não havendo uma distinção precisa entre fase investigatória e sancionadora por parte do fisco.

Portanto, a par das afirmativas exaradas ao longo desse trabalho, pode-se concluir que: a) o Direito Administrativo Sancionador – incluindo aí o Direito Tributário – é regulado pelos princípios que norteiam o Direito Penal e Processual Penal; b) a Constituição Federal permite tal conclusão; c) o princípio da presunção de inocência abrange o da não obrigatoriedade de o cidadão produzir prova contra si próprio, ou seja, que o incrimine; d) a prova legítima é aquela obtida por atividade cuja iniciativa seja do próprio Estado; e) a prova obtida mediante coação é imprestável para acusar, seja qual for a esfera de atuação do Estado, penal ou tributária; f) em não se podendo acusar, a prova obtida mediante coação, seja no âmbito penal ou tributário, não possibilita a imposição de sanções – penas ou multas – às irregularidades eventualmente identificadas; g) no âmbito fiscal, tais provas ensejarão a possibilidade de cobrar o tributo devido, com os acréscimos referentes aos juros e correção monetária, a fim de evitar o locupletamento do contribuinte. As multas, nessa última hipótese, carecem de legitimidade.

---

sume o papel de obrigação principal. Não refere, ao contrário do que fora argumentado, que o princípio da não autoincriminação não possa ser aplicado no âmbito fiscal. O segundo argumento reside no fato de o benefício ser concedido tão somente àquelas infrações mais graves. De fato, se entendermos que o não atendimento à obrigação acessória, em nome do princípio *nemo tenetur se detegere*, somente poderá ser aceito naqueles casos nos quais existe a possibilidade de uma sanção penal futura, então seria possível ao contribuinte celebrar o seguinte raciocínio: ponderando os benefícios existentes, é preferível, ao praticar um ilícito tributário, que ele também seja crime.

## Considerações finais

Por tudo o que fora exposto, pode-se verificar o tormentoso caminho aqui trilhado. Tal dificuldade, no nosso entendimento, deriva, principalmente, do fato de o Direito Administrativo Sancionador – o que inclui aí o Direito Tributário – não ser alvo dos estudos necessários, tal a importância da matéria; de fato, nesse trabalho de pesquisa, cremos, resta demonstrada a enorme dificuldade em reconhecer tão só a primazia dos direitos fundamentais, constitucionalmente reconhecidos ao cidadão, em detrimento da proposta arrecadatória do fisco.

De vital importância, no caso, o papel exercido pelo Poder Judiciário. Isso se deve ao fato de se ter, no reconhecimento e primazia dos direitos fundamentais, a pedra fundamental para a instalação de um Estado de Direito.

A par dessas dificuldades todas, pode-se afirmar que a trilha não possui volta: ou prepondera o cidadão, sendo reconhecidas e fazendo prevalecer as garantias individuais, ou se avantaja o Estado, porque exercendo uma atividade arrecadatória, possibilitando, assim, até mesmo, a imposição de multas sobre o valor legitimamente devido tão somente porque o contribuinte se equivocou – tendo o mesmo sido obrigado a mostrar tal equívoco ao fisco –, sob pena da velha e ultrapassada escusa de "lesar o erário".

Dessa dicotomia extrema está o embate entre o Estado arrecadador e o cidadão, cuja solução é possível distinguir, não só porque a Constituição Federal reconhece e faz preponderar as garantias individuais nesses casos, mas porque a sua supremacia constitui a questão nuclear de todo o constitucionalismo democrático, que são os direitos fundamentais. E esse processo, qual seja, o de construir a tutela dos direitos fundamentais – objetivo maior desse trabalho –, constitui a pedra fundamental, sendo decisivo a esse respeito, da legitimidade da ordem jurídica e do bom governo, tanto da União como dos entes federados.

# Referências bibliográficas

BACIGALUPO, Enrique. *Sanciones administrativas – Derecho español y comunitario*. Madri: Colex, 1991.

BAJO FERNÁNDEZ, Miguel. La Responsabilidade Penal de las Personas Jurídicas en el Derecho Administrativo Español. *Responsabilidad Penal de las Empresas y sus Órganos y Responsabilidad por el Producto*. Coords.: LUZÓN PEÑA, Diego Manuel; MIR PUIG, Santiago. Barcelona: Bosch, 1996.

BASTOS, Celso Ribeiro. *Curso de Direito administrativo*. 2.ed. São Paulo: Saraiva, 1996.

BENDIX, Reinhard. *Construção nacional e cidadania*. Trad. de Mary Amazonas Leite de Barros. São Paulo: Universidade de São Paulo, 1996.

BLASCO PELLICER, Angel. *Sanciones administrativas en el ordem social*. Valência: Tirant Lo Blanch, 1998.

BUSTOS RAMÍREZ, Juan. *Manual de Derecho penal – parte general*. 4.ed. aumentada, corrigida e atualizada por Hernán Hormazábal Malarée. Barcelona: PPU, 1994.

CAETANO, Marcello. *Manual de Direito administrativo*. V. 1. Coimbra: Almedina, 1991.

CALLEGARI, André Luis; LOPES, Fábio Mota. A Imprestabilidade do Bafômetro como Prova no Processo Penal. http://www.asdep.com.br/principal.php?id=artigos&cod=147.

CARVALHO FILHO, José dos Santos. *Manual de Direito administrativo*. 7.ed. Rio de Janeiro: Lumen Juris, 2001.

COBO DEL ROSAL, Manoel; VIVES ANTÓN, Tomás Salvador. *Derecho penal – parte general*. 5.ed. corrigida, aumentada e atualizada. Valência: Tirant Lo Blanch, 1999.

COELHO, Walter. *Teoria geral do crime*. v. 1. Porto Alegre: Sérgio Antonio Fabris, 1998.

CRETELLA JÚNIOR, José. *Curso de Direito administrativo*. 8.ed. Rio de Janeiro: Forense, 1986.

CROZIER, Michel. *Estado modesto, estado moderno – estrategia para el cambio*. 2.ed. Trad. de Jorge Ferreiro. Cidade do México: Fondo de Cultura Económica, 1992.

CUELLO CONTRERAS, Joaquín. *El Derecho penal español – parte general – nociones introductorias, teoría del delito/1*. 2.ed. Madri: Civitas, 1996.

DE PALMA DEL TESO, Ángeles. *El principio de culpabilidad en el Derecho administrativo sancionador*. Madri: Tecnos, 1996.

DI PIETRO, Maria Sylvia Zanella. *Direito administrativo*. 13.ed. São Paulo: Atlas, 2001.

FAYET JÚNIOR, Ney. *Do crime continuado*. Porto Alegre: Livraria do Advogado, 2001.

FEIJÓO SÁNCHEZ, Bernardo José. La Distinción entre Dolo e Imprudencia en los Delitos de Resultado Lesivo. Sobre la Normativización del Dolo. *Cuadernos de Política Criminal*, Madri, nº 65, Instituto Universitario de Criminología – Universidad Complutense de Madrid, Edersa, 1998.

FERRI, Enrico. *Princípios de Direito criminal – o criminoso e o crime*. 2.ed. Tradução de Paolo Capitanio. Campinas: Bookseller, 1999.

FIGUEIREDO, Lúcia Valle. *Curso de Direito administrativo*. 4.ed. São Paulo: Malheiros, 2000.

GIMBERNAT ORDEIG, Enrique. *Concepto y método de la ciencia del Derecho penal*. Madri: Tecnos, 1999.

GOMES FILHO, Antônio Magalhães. *Direito à prova no processo penal*. São Paulo: RT, 1997.

GORDILLO, Augustin. *Tratado de Derecho Administrativo: tomo 1 – parte general*. 7.ed. Belo Horizonte: Del Rey e Fundación de Derecho Administrativo, 2003.

HADDAD, Carlos Henrique Borlido. O Princípio Contra a Auto-Incriminação e seus Reflexos em Âmbito Tributário. *Revista do Tribunal Regional Federal da 1ª Região*, Brasília, v. 17, n. 5, maio 2005.

HARGER, Marcelo. *Princípios constitucionais do processo administrativo*. Rio de Janeiro: Forense, 2001.

JAKOBS, Günther. *Derecho penal – parte general – fundamentos y teoría de la imputación*. 2.ed. corrigida. Tradução de Joaquín Cuello Contreras e Jose Luis Serrano Gonzalez de Murillo. Madri: Marcial Pons, 1997.

JESCHECK, Hans-Heinrich. *Tratado de Derecho penal – parte general*. 4.ed. corrigida e ampliada. Tradução de José Luis Manzanares Samaniego. Granada: Comares, 1993.

KREBS, Pedro. A Inconstitucionalidade e a Ilegalidade do Art. 303 da Lei nº 9.602, de 21.01.98 (Código de Trânsito Brasileiro). *Estudos Jurídicos*. V. 31, nº 83. São Leopoldo: Universidade do Vale do Rio dos Sinos – UNISINOS, Set.-Dez./98.

――. A Responsabilização Penal da Pessoa Jurídica e a Suposta Violação do Direito Penal Mínimo. *Revista Ibero-Americana de Ciências Penais* (Coords.: CALLEGARI, André Luís; GIACOMOLLI, Nereu José; KREBS, Pedro). Nº 0. Porto Alegre: CEIP – Centro de Estudos Ibero-Americano de Ciências Penais, Maio/Ago. 2000.

LEÓN VILLALBA, Francisco Javier de. *Acumulación de sanciones penales y administrativas – sentido y alcance del principio "ne bis in idem"*. Barcelona: Bosch, 1998.

LESCH, Heiko Hartmut. La Función de la Pena. Tradução de Javier Sánchez-Vera Gómez-Trelles. *Cuadernos "Luis Jiménez de Asúa"*, nº 4. Coord.: Emilio Moreno Y Bravo, Madri, 1999.

LIMA, Ruy Cirne. *Princípios de direito administrativo*. 6.ed. São Paulo: RT, 1987.

MAYER, Otto. *Derecho administrativo alemán – parte general*. Tomo I. 2.ed. inalterada. Trad. da edição francesa de Horacio H. Heredia e Ernesto Krotoschin. Buenos Aires: Depalma, 1982.

MEDAUAR, Odete. *Direito administrativo moderno – de acordo com a EC 19/98*. 3.ed. São Paulo: RT, 1999.

MELLO, Celso Antônio Bandeira de. *Curso de direito administrativo*. 4.ed. São Paulo: Malheiros, 1993.

MIR PUIG, Santiago. *Derecho penal – parte general*. Barcelona: Reppertor, 1998.

MUÑOZ CONDE, Francisco; GARCÍA ARÁN, Mercedes. *Derecho penal – parte general*. Valência: Tirant Lo Blanch, 1993.

MUÑOZ LORENTE, José. *La nueva configuración del principio non bis in idem – las sanciones administrativas como límite a la intervención de la jurisdicción penal – especial referencia al ámbito medioambiental*. Madri: Ecoiuris, 2001.

NAVARRO CARDOSO, Fernando. *Infracción administrativa y delito: límites a la intervención del Derecho penal*. Madri: Colex, 2001.

NIETO GARCÍA, Alejandro. *Derecho administrativo sancionador*. 2.ed. ampliada. Madri: Tecnos, 2000.

OSÓRIO, Fábio Medina. *Direito administrativo sancionador*. São Paulo: RT, 2000.

———. Direito Administrativo Sancionador e Direito Penal: Quais os Limites do *Jus Puniendi* Estatal na Repressão dos Atos de Improbidade Administrativa? *Revista Ibero-Americana de Ciências Penais* (Coords.: CALLEGARI, André Luís; GIACOMOLLI, Nereu José; KREBS, Pedro). N° 1. Porto Alegre: CEIP – Centro de Estudos Ibero-Americano de Ciências Penais, Set./Dez. 2000.

OSSA ARBELÁEZ, Jaime. *Derecho administrativo sancionador – hacia una teoría general y una aproximación para su autonomía*. Bogotá: Legis, 2000.

PALAO TABOADA, Carlos. *El Derecho a no autoinculparse en el ámbito tributario*. Navarra: Aranzadi, 2008.

PINILLA PINILLA, Nilson. Fundamentos de Derecho Administrativo Sancionatorio. *Derecho Penal Y Criminologia*. N° 39. Bogotá: Instituto de Ciencias Penales y Criminologicas, Universidad Externado de Colômbia, Set./Dez. 1989.

RIVERO, Jean. *Direito administrativo*. Trad. de Rogério Ehrhardt Soares. Coimbra: Almedina, 1981.

ROXIN, Claus. *Derecho penal – parte general – fundamentos. La estructura de la teoría del delito*. V. 1. Trad. de Diego-Manuel Luzón Peña, Miguel Diaz y García Conlledo e Javier de Vicente Remesal. Madri: Civitas, 1997.

WEBER, Max. *Economia e sociedade – fundamentos da sociologia compreensiva*. V. 2. Trad. de Regis Barbosa e Karen Elsabe Barbosa. Brasília: Universidade de Brasília, 1999.

WELZEL, Hans. *Derecho penal alemán – parte general*. 4.ed.. Trad. de Juan Bustos Ramírez e Sergio Yáñez Pérez. Santiago de Chile: Editorial Jurídica de Chile, 1997.

*Impressão:*
**Evangraf**
Rua Waldomiro Schapke, 77 - P. Alegre, RS
Fone: (51) 3336.2466 - Fax: (51) 3336.0422
E-mail: evangraf.adm@terra.com.br